"十四五"职业教育国家规划教

供高职高专医药卫生类各专业使用

大学生心理健康教育

主　编　陈劲松
副主编　邓湘穗　李静静　杨　敏
编　者　（按姓氏汉语拼音排序）
陈劲松　四川护理职业学院
邓湘穗　长沙卫生职业学院
方　颖　四川护理职业学院
李静静　山东医学高等专科学校（济南）
李楠柯　遵义医药高等专科学校
庞亚男　山东药品食品职业学院
杨　敏　山东医学高等专科学校（临沂）

科学出版社
北　京

内 容 简 介

本教材紧密结合当代大学生实际，包含导论、自我认知与职业发展、有效学习与时间管理、大学生情绪认识与情绪管理、积极心态与人际交往、两性交往与爱的艺术、大学生网络心理与问题应对、挫折应对与压力管理、关爱家人与享受亲情、危机应对与珍爱生命、自我完善与成长发展等内容，共11章，每章有“案例”“链接”“素质拓展训练”“本章小结”“收获与成长”“自测题”等环节。教材设计理实并重、学训结合，课堂学习和课后延学兼顾，富有思想性、知识性、趣味性、实用性。

本教材配套开发了丰富的数字化资源——在线开放课程《做自己的心理专家》，包括教案、课件、在线微视频、拓展学习资料、见面课、单元检测试题库等丰富的教学资源。

本教材可供高职高专医药卫生类各专业使用，也可供同行及广大心理学爱好者阅读参考。

图书在版编目（CIP）数据

大学生心理健康教育 / 陈劲松主编. —北京：科学出版社，2020.6

“十四五”职业教育国家规划教材

ISBN 978-7-03-064999-7

Ⅰ. 大…　Ⅱ. 陈…　Ⅲ. 大学生-心理健康-健康教育-医学院校-教材
Ⅳ. G444

中国版本图书馆 CIP 数据核字（2020）第 075282 号

责任编辑：张　晨　张立丽 / 责任校对：杨　赛

责任印制：霍　兵 / 封面设计：蓝正设计

科 学 出 版 社 出版

北京东黄城根北街 16 号

邮政编码：100717

http：//www.sciencep.com

天津安泰印刷有限公司印刷

科学出版社发行　各地新华书店经销

*

2020 年 6 月第　一　版　开本：787×1092　1/16

2024 年 8 月第九次印刷　印张：8 3/4

字数：229 000

定价：29.80 元

（如有印装质量问题，我社负责调换）

前　言

Preface

党的二十大报告指出："人民健康是民族昌盛和国家强盛的重要标志。把保障人民健康放在优先发展的战略位置，完善人民健康促进政策。"贯彻落实党的二十大决策部署，积极推动健康事业发展，离不开人才队伍建设。党的二十大报告指出："培养造就大批德才兼备的高素质人才，是国家和民族长远发展大计。" 教材是教学内容的重要载体，是教学的重要依据、培养人才的重要保障。本次教材修订旨在贯彻党的二十大报告精神和党的教育方针，落实立德树人根本任务，坚持为党育人、为国育才。

心理健康是大学生成长成才的基础，是大学生顺利完成学业、愉快融入社会、走上幸福人生的保证。本教材以中共教育部党组印发的《高等学校学生心理健康教育指导纲要》（教党〔2018〕41 号）、教育部办公厅《关于加强学生心理健康管理工作的通知》（教思政厅函〔2021〕10 号）等文件精神为指导，以提高大学生心理素质、培育学生积极心理品质、促进大学生身心健康和全面发展，培养有理想、敢担当、能吃苦、肯奋斗的新时代好青年为目标，结合高职高专大学生心理特点和素质要求进行编写和修订。

教材共 11 章，内容贴近大学生心理特点，关注大学生心理需求，重视大学生成长与发展，融知识传授、心理体验与行为训练为一体。教材有如下特点：①科学性与实效性兼顾，知识教育与能力培养问题解决有机结合；②育心与育德统一，心理健康教育与思想政治教育相融合，促进大学生全面发展；③主导性与主体性互动，既充分发挥教师的主导作用又充分调动学生的主动性、积极性；④理论与实践并重，理论够用，技能管用，教学实用，"素质拓展训练""收获与成长"是教材的亮点，还配套了丰富的数字化资源，是一本集"文字-图片-音频-视频-在线慕课"一体的融媒体教材。。

第 1 章和第 6 章由李静静编写，第 2 章和第 10 章由方颖编写，第 3 章由庞亚男编写，第 4 章和第 7 章由邓湘穗编写，第 5 章由杨敏编写，第 8 章由李楠柯编写，第 9 章由李楠柯和杨敏共同编写，第 11 章由陈劲松编写。本教材可供高职高专医药卫生类各专业使用，也可供同行及广大心理学爱好者阅读参考。

感谢各位编委的辛勤劳动，特别是方颖在教材编写中做了大量工作。感谢科学出版社的大力支持和帮助。本教材参考了国内外有关学者的著作、教材、论文等，在此深表感谢。感谢对教材编写和审核中提出宝贵意见的专家同仁。

由于编者水平有限，本书可能存在不足之处，恳请使用本教材的广大师生、学界同仁和读者提出宝贵意见，以便修正。

编　者

2023 年 3 月

配 套 资 源

欢迎登录“中科云教育”平台，**免费** 数字化课程等你来！

本教材配有图片、视频、音频、动画、题库、PPT 课件等数字化资源，持续更新，欢迎选用！

“中科云教育”平台数字化课程登录路径

电脑端

- 第一步：打开网址 http://www.coursegate.cn/short/IL0TX.action
- 第二步：注册、登录
- 第三步：点击上方导航栏“课程”，在右侧搜索栏搜索对应课程，开始学习

手机端

- 第一步：打开微信“扫一扫”，扫描下方二维码

中科云教育

- 第二步：注册、登录
- 第三步：用微信扫描上方二维码，进入课程，开始学习

PPT课件，请在数字化课程中各章节里下载！

目　录

Contents

第1章

导论：走进心灵

健康是人快乐、幸福和成功的前提和基础。面对学习压力、情绪情感、人际关系等方面的问题，如何树立良好的心理健康观，用积极的心态迎接大学生活，关系到每一位大学生的成长！

第 1 节　大学生心理健康概述

案例　1-1

小芳，某医学专科学校临床医学专业大一学生。开学一个月之后找到辅导员老师，跟老师说："老师，我要退学，想复读考北京大学。"老师很诧异，说："为什么呀？你觉得一定能考上吗？"小芳非常坚决地要求退学，并且说："任何事情都是有机会的。"

后来辅导员推荐小芳来到心理咨询室。心理咨询师了解到小芳高中时期一直想考北京大学，但是无奈高考成绩分数不够。虽然已经来到了这所学校，但是始终想上北京大学。

问题： 1. 你觉得小芳的问题是什么？

2. 作为心理咨询师应该如何帮助小芳？

一、健康和心理健康的概念

（一）健康的概念

1989 年，世界卫生组织（World Health Organization，WHO）对健康的定义是健康不仅是没有疾病，而且包括躯体健康、心理健康、社会适应良好和道德健康。所以心理健康是衡量一个人是否健康的重要内容之一。

（二）心理健康的概念

心理健康是指有利于个体身心发展，工作、学习有效率，维持良好生活质量的适宜的心理状态。生活实践中能够正确认识自我，自觉控制自己，正确地对待外界影响，使心理保持平衡协调，就已具备了心理健康的基本特征。

二、心理健康的标准

心理健康目前没有公认的唯一标准。不同的学者也提出了不同的心理健康的标准。国际上比较公认的是美国心理学家马斯洛提出的心理健康的十条标准。我国学者也提出了适合我们中国人的心理健康标准，其中比较为大众所认同的是马建青提出的心理健康的 7 条标准。

（一）心理健康的标准

1. 马建青心理健康 7 条标准

（1）智力正常。

（2）善于协调和控制情绪。

（3）具有较强的意志品质。

（4）人际关系和谐。

（5）能动地适应和改造环境。

（6）保持人格的完整和健康。

（7）心理行为符合年龄特征。

2. 马斯洛心理健康的标准 美国心理学家马斯洛（Abraham H. Maslow）提出的心理健康的十条标准被公认为是“最经典的标准”。主要内容如下。

（1）充分的安全感。

（2）充分了解自己，并对自己的能力作适当估价。

（3）生活的目标切合实际。

（4）与现实的环境保持接触。

（5）能保持人格的完整与和谐。

（6）具有从经验中学习的能力。

（7）能保持良好的人际关系。

（8）适度的情绪表达与控制。

（9）在不违背社会规范的条件下，对个人的基本需要作恰当满足。

（10）在满足集体要求的前提下，较好地发挥自己的个性。

链 接 如何区分心理正常、不正常或健康、不健康?

心理正常是指具备正常功能的心理活动或者是不包含有精神障碍症状的心理活动。心理不正常也叫心理异常，是指有典型精神障碍症状的心理活动（如精神病性障碍、心境障碍、神经症、人格障碍、癔症等）。“正常”和“不正常”是标明和讨论无病或有病。“健康”和“不健康”是在“正常”范围内，讨论“正常心理”水平的高低和程度。所以心理正常包含心理健康和心理不健康，心理不健康又分为：一般心理问题、严重心理问题和可疑性神经症。

（二）大学生心理健康的标准

针对大学生心理是否健康，不同学者也提出了不同标准，我国学者樊富珉提出了大学生心理健康的 7 个标准，是大家比较公认的。

（1）能保持对学习有较浓厚的兴趣和求知欲望。

（2）能保持正确的自我意识，能接纳自我。

（3）能协调和控制情绪，保持良好的心境。

（4）能保持和谐的人际关系，乐于交往。

（5）能保持完整统一的人格品质。

（6）能保持良好的环境适应能力。

（7）心理行为符合年龄特征。

1. 大学生智力正常且充分发挥 智力正常是大学生学习、生活、工作最基本的心理条件，是大学生胜任学习任务、适应周围环境变化需要的心理保证，是衡量大学生心理健康的首要标准。智力测验是一种重要的心理测验技术，中国韦氏成人智力量表（WAIS-RC）显示，智商在 90～109 属于正常。

2. 情绪健康 情绪健康的标志是心情愉快和情绪稳定两个方面。

心情愉快是指大部分时间的情绪是积极的、乐观的、开朗的，对事情充满热情的。如你每日都唉声叹气，情绪肯定是不健康的，当然，每个人多多少少都会有负面情绪，这是一种正常现象。

情绪稳定是指善于控制和调节自己的情绪。它包括两个方面：控制约束和适度宣泄，不过分压抑。有的人太冲动，情绪波动特别大，控制不了自己的情绪，容易失控。还有的人属于特别淡定或波澜不惊型的，过分压抑自己的情绪。

3. 意志健全 意志健全的大学生在自觉性、果断性、坚忍性和自制性等良好的意志品质方面表现出较高的水平。在活动中表现为有自觉的目的性，适当地做出决定并且克服困难去解决问题，而不会表现为盲目、固执、优柔寡断、草率等。

很多大学生做事情优柔寡断，称自己有“选择恐惧症”。例如，有些女生逛街买衣服时，经常出现选择困难，犹豫不决。之所以优柔寡断，是因为害怕选错了要承担错误的后果。所以，大学生要学会承担责任。

4. 人格完整 是指有健全统一的人格，即个人的所想、所说、所做都是协调一致的。一方面人格结构的各要素完整统一，具有正确的自我意识，不产生自我同一性混乱；另一方面以积极进取的人生观作为人格的核心，并以此为中心把自己的需要、目标和行动统一起来。例如，一个大学生说：“理想的我敢爱敢恨，现实的我有话说不出；理想的我性格直爽，现实的我扭扭捏捏；理想的我外向活泼，现实的我内向文静；理想的我在清华北大，现实的我在一个普通院校。”如果“理想的我”与“现实的我”不和谐一致，就会产生很多矛盾和问题，所以要处理好人格的各个方面，达到内心的和谐、人格的完整。

5. 自我评价正确 人贵有自知之明，对于大学生来说正确地认识自己是心理健康的重要条件。要正确地认识自己的优点和缺点，欣赏自己的优点，正视自己的缺点，努力完善自己，更好地悦纳自己。

6. 人际关系和谐 和谐的人际关系是衡量一个人心理健康的标准之一。

7. 适应能力强 能否适应环境是心理健康的重要指标。心理健康的大学生既能和社会保持良好的接触，灵活应对各种困难，又能适当满足自己个体的需要，做到人与环境和谐相处。

8. 心理行为符合大学生的年龄特征 大学生应具有与年龄相适应的行为特征。大学生这个年龄阶段应是精力充沛、思维敏捷、情感活跃，如果过于幼稚、依赖、退缩等则是心理不健康的表现。

素质拓展训练

素质拓展训练 1-1 心理游戏——优点轰炸

【活动目的】

1. 通过让学生发现和叙述自己的优点，提高其自尊心和自信心。
2. 通过叙说别人的优点，欣赏同伴，以增进对同伴的进一步了解和同伴之间的感情。

【活动步骤】

1. 把同学们按照4～6人一组进行分组。
2. 小组内，首先选其中一名同学作为被轰炸对象，其他的同学轮流讲述该同学的优点。要求在讲述时要真诚而具体。真诚就是不能说假话，一定是自己感受到或者观察到的优点。具体就是要有事实根据，不能泛泛而谈。
3. 最后这位同学自己来进行分析，可以添加一些自己的优点，谈谈自己对自身优点的看法。
4. 该轮结束。以此类推，下一位同学再被当成优点轰炸对象，直到每位同学都被轰炸一次。

【教师总结】

最后，老师进行点评与总结。其实每个人身上都有很多优点，只要我们用心去发现就能看到身边同学的很多闪光之处。

素质拓展训练1-2 房树人绘画心理分析

【活动目的】

房树人绘画是非常简单实用的心理学技术，呈现在画面上的颜色主调、点线面关系、构图等都是画画者内心的投射。在老师的指导下，可以通过绘画了解自己。

【活动步骤】

1. 在一张纸上画出房子、树和人。只须按照自己想象的方式画就可以，没有更多的具体要求。不用担心画得像与不像，只需要表达出意思就可以。除了房子、树和人三个基本要素之外，也可以根据自己的意愿添加其他的东西。

2. 教师介绍绘画分析的基本要点。

3. 同学分组互相分析和讨论。

【教师总结】

有时候在意识层面我们对自己并不了解。很多心理的模式、状态都是潜意识层面的。绘画是了解潜意识、了解自己的恰当工具，绘画可以泄露隐藏在内心的症结。教师对每位同学的画进行点评，并指导对方今后改善自己的方向和具体方法。

第2节 大学生常见心理困扰及调适

案例 1-2

某大学宿舍有三个女生小A、小B和小C。由于刚开学时小A和小B是同桌，自然关系就近了，成了好朋友，天天在一起。可是后来小B和小C相处越来越投机，关系越来越好，小B就经常跟小C在一起玩了。小A感觉受到了冷落，自己的好朋友疏远了自己，内心非常痛苦，同时也很气愤，觉得小C抢走了自己的好朋友，对小B和小C有很多指责和抱怨。

问题：1. 你觉得小A的问题是什么？我们应该如何帮助小A？

2. 如果你是小B，你应该怎么做？

随着时代的发展，大学生群体的主要特点也发生着变化。根据大学生的身心特点及环境和经历的不同，大学生容易出现以下的心理困扰。

遇到心理困扰，最好的方法不是靠外力去改善，而是自我调节，提高心理适应性，从而更好地适应大学生活。心理适应能力主要指将各种个性特征互相配合、适应周围环境的能力。

一、自我认知问题及调适

很多大学生缺乏正确的自我认知，比较突出的问题是容易产生自卑心理。如果一个人缺乏自信，总是特别自卑，容易导致很多心理问题。自卑的人往往会无限放大自己的缺点。如果无限放大自己的缺点，这个缺点就像一滴墨滴入一盆水中，能把整盆水染黑。缺点也会把一个人的整个人生染黑。如何正确地对待自己的优点和缺乏，不断提高自己的自尊与自信心，是大学生提高自己心理健康水平的课题之一。大学生要学习正确认识自我，悦纳自己。

二、职业发展问题及调适

很多大学生来到大学后，对自己的前途一片迷茫。大学不是人生的终点，而是人生新的起点，大学生要规划人生目标，制定好职业发展的方向。良好的自我认知，可以帮助大学生作出更适合自己的职业生涯规划，有利于大学生未来职业的发展。

三、学习问题及调适

进入大学面对新的环境，大学生在学习方面可能存在一些困扰。大学的学习方式和中学有很大的不同。在中学，同学们习惯被老师安排，督促，追着学，学习上比较被动。例如，一个大学生抱怨："现在没人管我，我就学不进去了。"作为大学生要改变被动的学习方式，找到适合自己的学习方法，变被动学习为主动学习。大学生还要端正学习态度，科学管理自己的学习生活，设定合理的学习目标，掌握好适合自己的学习方法，养成良好的学习习惯。

四、情绪问题及调适

大学生处于青年前期，这个年龄阶段情绪不稳定，容易出现大起大落，要学会管理自己的情绪，做情绪的主人。大学生常出现的负面情绪有焦虑、愤怒、抑郁、嫉妒、冷漠等。要学会觉察自己的负面情绪，接纳负面情绪的存在，而不是去回避压抑。找到负面情绪产生的原因，才能对症下药，进而改善之。在生活中，也要多创造一些积极情绪的体验，积极情绪具备及时终止消极体验的功能，能让个体尽快地从负面情绪中恢复过来。

五、人际关系问题及调适

大学生的人际交往比中学生的人际交往要复杂得多，在生活中所占的比例也更大。大学生的人际关系主要包含与班级同学的关系、宿舍舍友的关系、亲密朋友的关系、恋爱关系及与家人的关系等。

大学生往往心理不够成熟，缺乏人际交往的技巧等都是影响人际关系的因素。一般来说，女生更需要情感的互动和交流，两个女生之间往往比两个男生之间更加亲密，同时彼此的界限不是很明确，容易越界，所以也容易出现一些问题。恋爱关系是一种特殊的人际关系，大学生在恋爱中常常出现缺乏安全感、依赖、虚荣、孤独空虚等问题，所以大学生要树立正确的恋爱观，培养爱的能力，学会更好地爱自己、爱他人。

六、网络问题及调适

随着时代的发展，网络越来越成为我们生活中必不可少的一部分。网络给大学生带来便利的同时也带来了各种网络心理问题，主要包括网络依赖、网络成瘾、网络孤独、网络人格障碍等。大学生只有正确认识自己，了解自己的需求，才能充分地利用好网络，培养好使用网络的好习惯，而不是把网络变成逃避现实的工具。

七、挫折和压力问题及调适

在生活中每个人都会遇到各种各样的挫折，大学生在学习方面、人际关系方面、情绪方面、环境方面等面临着一些压力和挫折。当出现挫折时，每个人对待挫折的方式不同，所以也会导致不同的结果。大学生要学会正确地看待挫折，提高自己承受挫折和压力的能力，学习如何处理各种问题，而不是抱怨和回避挫折。

八、心理危机问题及调适

大学生心理危机的诱因很多，如有些大学生会因为失恋、学习压力大、家庭不和、就业迷茫等出现自残或自杀行为。大学生要学会识别心理危机，正确地看待心理危机，及时寻求心理支持和帮助。同时珍爱生命，加强对生命教育的探索，认识生命的意义，追求生命的价值。

素质拓展训练

素质拓展训练1-3 谈谈你的烦恼

【活动目的】

通过鼓励大家畅所欲言，激发集体的智慧，达到互相解决问题的效果。

【活动步骤】

1. 请一位同学来当主持人，鼓励同学们主动谈自己的烦恼和困惑。

2. 请一位同学把自己遇到的困惑分享出来，其他同学一起来探讨解决问题的方法并且分享自己的经验。如某一同学提出自己的问题，其他同学可以谈谈自己的想法或者自己是如何解决这个问题的。

3. 通过大家的讨论和交流，找到一个最适合这位同学的解决方法。

【教师总结】

大学生入学之后总是面临着一些不适应的地方，或者产生学习、生活、人际关系方面的烦恼和困惑。有些同学通过自己的经验已经解决了很多难题，有些同学可能正在烦恼中。通过思想碰撞，发挥集体的智慧，能够互帮互助，解决问题。

素质拓展训练1-4 讲一个“最佳的我”的故事

【活动目的】

通过向别人介绍自己，帮助我们找到自己或别人的优点。

【活动步骤】

每位同学轮流讲一个“最佳的我”的故事。其他同学可以讨论在这个故事中发现的讲话同学的优点是什么。

【教师总结】

“最佳的我”的故事是积极心理学的一种干预方法，也叫“积极自我介绍”。通常我们向别人介绍自己时，都是侧重于个人的基本信息，却无法让别人了解我们有什么样的情感、是什么样的性格、喜欢做什么样的事。若想让别人深入了解我们，最好的方法就是讲一个自己的故事。使用这个方法，有助于发现自己和别人的优点。

第3节 提升大学生心理健康的途径

案例 1-3

小李，某医学专科院校大一学生。来到大学之后，经历了一系列的打击，如参加班委选举没有选上，竞选学生会干部也没成功，同学关系很一般，他觉得大家都不是很喜欢自己，觉得自己没有特长，能力也不行，一无是处，因此变得非常自卑。回头看看当初高中时关系好的同学都考上了本科，自己却来到了一所专科学校，心情更加低落。

问题： 1. 小李的主要问题是什么？

2. 应该如何帮助小李调适自己？

一、大学生心理健康的维护与提升

（一）关注心理健康，调整心态

大学生在平时的学习和生活中，要觉察和反思自己的心理状态，及时作出调整。心理问题也是一点一滴积累而成的，重在预防。如果我们在平时遇到问题时，能够及时觉察，适当地作出调整，就会有一个比较健康的状态。假如每次遇到烦恼或困惑都没有及时解决，就像一个人家里有一些垃圾，每次都没有及时清理出去，而是把它扫到了床底下，时间长了必然发霉变质，导致整个家都发臭。心理问题同样如此，每次都回避问题，时间长了整个人状态就会很差。面对问题及时调整和解决，才不至于将问题积少成多。

（二）悦纳自己，提升自我价值感

对于大学生来说，大部分心理问题都跟自我价值感低有关系。自我价值感低容易导致自卑，自卑会阻碍自己不敢表达自己，不敢积极行动，因此会影响我们的生活和学习。每个人都要学习正确地认识自己、悦纳自己，看到自己的优点和长处，多肯定自己，多鼓励自己，形成一种正确的对待自己的方式，不断提高自尊心和自信心。

（三）提高承受挫折的能力

人生不如意之事十之八九。每个人在成长过程中都会遇到各种各样的挫折，但是每个人对待挫折的态度却又有很大的不同。面对挫折，有的人指责抱怨，意志消沉，一蹶不振；而有的人则会积极面对，并且从挫折中学习到宝贵的人生经验，提高自己承受挫折的能力。其实，每一次挫折里面都蕴含一份礼物，关键在于如何对待挫折。当然我们不会主动地制造挫折，但是当我们面对挫折时，应该学会正视挫折，而不是回避挫折，只有这样才能提高自己的能力，使自己变得越来越强大。

（四）完善社会支持系统

当我们遇到问题时，能够给我们支持的就是我们的社会支持系统。研究发现，一个人的社会支持系统越强大，这个人承受挫折的能力就越强。一般情况下，我们的亲人、朋友、同学都是我们的社会支持系统成员。作为大学生这个群体，身边的朋友和同学是其最常用的社会支持系统。建立良好的人际关系，及时寻求同学的支持和帮助，有利于提高自身的心理健康水平。

（五）寻求心理老师的帮助

大学生如果遇到一些问题，自己解决不了，应该及时寻求心理老师的帮助。心理老师可以从专业的角度来帮助及时解决问题。但是也有很多大学生还是心存顾虑，好面子，觉得找心理老师就是承认了自己有心理问题。其实就像每个人会感冒发热一样，每个人在人生路上也都会遇到各种各样的烦恼和问题，可以找心理老师去沟通和交流。心理老师经过了专业的训练，会从专业的角度给出更好的意见和方法。

二、学校大学生心理健康教育体系的构建

（一）开设心理课程

面向全体学生开设心理健康课程，让学生系统地学习心理学知识，为提高大学生的心理健康水平奠定基础。

（二）做好心理咨询工作

建立大学生心理咨询中心，成立心理咨询室，为学生提供心理咨询，是每个大学都应该做好的工作。一般心理咨询以面对面咨询为主，也可以根据实际情况开展电话咨询、网络咨询等。

（三）开展丰富的心理活动

针对大学生的一些特点，定期开展讲座也是普及心理健康教育的非常重要的一个途径。如新生入学心理讲座、大学生学习讲座、人际关系讲座等；通过心理社团，让更多的学生积极参与进来，进行沟通和交流，提高大学生的心理素质；鼓励学生发挥自己的积极性和主动性，组织心理活动讲座，既能锻炼能力，还能达到提高心理健康水平的目的。

素质拓展训练

素质拓展训练1-5 握手交谈

【活动目的】

加强同学间的互动和交流，学习表达自己。

【活动步骤】

1. 请同学们离开座位，选择一个自己不是很熟悉的同学，走过去跟对方握手，并且真诚地交谈3～5分钟。可以自我介绍，也可以谈谈自己的一些想法，或者对对方的印象等。

2. 跟这个同学交流之后，继续选择不太熟悉的同学，与对方交流。直到老师喊停为止。

【教师总结】

通过这种方式加深了同学的互动和沟通，让大家更好地互相了解，同时也提高了同学们沟通的能力。

本章小结

本章主要介绍了心理健康的概念和大学生心理健康的标准；大学生常见的心理困扰，包括自我认知问题、职业发展问题、学习问题、情绪问题、人际关系问题、网络问题、挫折和压力问题、心理危机问题等；最后介绍了提升大学生心理健康的途径。

收获与成长

通过本章的学习，我收获了____

____

____

____

____

自测题

1. 请根据所学知识，分析自己的心理健康水平。

2. 你认为你在大学中遇到的主要心理困扰是什么？你是如何应对的？

（李静静）

第2章
自我认知与职业发展

我是谁？我将走向何方？这些问题可能会经常在我们脑中回荡，并对我们产生重要的影响。大学阶段是一个人从青春期向成年人转变的重要时期，也是人的自我认知与自我探索更加主动和自觉、自我发展与自我完善的意识更加强烈的时期。客观地认识自我、正确地评价自我、积极地悦纳自我、有效地控制自我、科学地发展自我以及建立健康的自我形象，是大学生心理健康的保证。

第1节 自我意识

案例 2-1

小娜以优异的成绩考入大学，选择了热门的医学专业，通过两个月的学习，发现自己的兴趣根本不在此，完全没有学习的热情，成绩也不尽如人意。原以为自己有很强的管理协调能力，但是在组织班级社团活动时，总有部分同学不配合，小娜渐渐对自己失去了信心，觉得自己做什么都失败，对未来也没有方向。其实，她学习非常刻苦，只是成绩达不到自己的要求。她做事认真、负责，人际交往能力也不错，但却没有实现她当优秀干部的愿望，对于同学、老师的劝解、忠告也听不进去，她陷入沮丧、痛苦之中难以自拔。

问题： 1. 你认为造成小娜苦恼的原因是什么？

2. 如果你是小娜，你会怎么做呢？

一、自我意识相关概念

（一）自我意识的定义和结构

自我意识，也称自我，是指个体对自己、自己与他人关系、自己与周围环境关系的认识，是个体意识发展的高级阶段。包括对自己存在的认识，以及对个体身体、心理、社会特征等方面的认识。自我可以划分为不同的结构。

1. 从人格维度来看 精神分析学派创始人西格蒙德·弗洛伊德（Sigmund Freud）提出了"人格结构理论"，即人格包括本我、自我和超我三个部分，其中本我遵循快乐原则，自我遵循现实原则，超我遵循道德原则。

2. 从表现形式来看 威廉·詹姆斯（William James）认为自我意识是个体对自己身心状态的察觉和认识，包括认识自己的生理状况、心理特征，以及自己与他人和周围世界的关系。他将自我意识分为生理自我、心理自我和社会自我三个方面。

（1）生理自我：是个体对自己身体、生理状态（如身高、体重、容貌）的认识和体验，它是一个人在与他人交往的过程中通过学习而逐渐形成的，是与生俱来的。

（2）心理自我：是个体对自己的心理活动、个性特点、心理品质的认识、体验和愿望，包括对自己的感知、记忆、思维、智力、能力、性格、气质、爱好、兴趣等的认识和体验。如初恋与失恋的体验、成功与失败的体验等。

（3）社会自我：是指个体对自己在群体中的地位、作用，以及自己和他人相互关系等的认识、体验和愿望，包括个人对自己在客观环境及各种社会关系中的角色、地位、权利、义务、责任、力量等的意识。

生理自我、心理自我与社会自我是密切联系、相互影响的，它们都包含不同的自我认知、自我体验与自我控制，但由于比例和搭配的不同，构成了个体对自我意识的差异，对人、对己、对社会的独特的看法和体验。

3. 从知、情、意三个维度来看 从结构上看，自我意识可分为自我认知、自我体验和自我控制三个部分（表 2–1）。

（1）自我认知：是主观自我对客观自我的评价，包括自我感觉、自我观察、自我印象、自我分析、自我评价等。自我认知解决“我是一个什么样的人”的问题。

（2）自我体验：是主观自我对客观自我产生的情绪体验，是在自我认知基础之上产生的。自我认知决定自我体验，而自我体验又强化着自我认知，主要集中在“能否悦纳自己”“对自我是否满意”等方面。自我体验的内容十分丰富，可以包括义务感、责任感、优越感、荣誉感、羞耻感等。

（3）自我控制：是对自己行为、思想和言语的控制，以达到自我期望的目标。我们经常讲的“自制力”其实就是自我控制的能力，包括自我激励、自我暗示和自强自律。自我控制是自我中的最高阶段，其核心是“我应该做什么？”“我应该成为什么样的人？”“我可以选择如何做？”。

表 2-1 自我意识的分类

	自我认知	自我体验	自我控制
生理自我	对自我身体、外貌、衣着等的认识	英俊、漂亮、有魅力或丑、矮、胖等	追求身体的外表，物质欲望的满足，维持家庭的利益等
心理自我	对自我的智力、性格、气质、记忆、思维、能力等的认知	有能力、聪明、优雅或敏感、迟钝等	追求信仰，注意行为符合社会规范，要求智慧与能力的发展等
社会自我	对自己的名望、地位、角色、义务、责任等的认识	自尊、自信或自卑、自负、自恋等	追求名誉地位、与他人竞争，争取获得他人的好感等

（二）影响自我意识形成的因素

自我意识是个体在生理和心理发展到一定程度的基础上发生、发展的，它是个体在与社会环境长期的相互作用过程中形成的，许多社会因素对自我意识的形成和发展起着重要作用。一般而言，影响大学生对自己的认知的因素包括四个方面。

1. 他人的反馈 在相处的过程中，他人会对我们的品质、能力、性格等给予清晰的反馈，从而增强我们对自己的了解。当被老师告诫要更加大胆、更加主动、更加勤奋一些时，我们便会从反馈中得知：自己有些害羞，不够主动，学习不够勤奋。特别是当许多人的看法一致时，我们就会相信这种看法是正确的，从而确定自己是这样的人。

2. 反射性评价 反射性评价对自我认知的形成也起着重要作用。符号互动学者查尔斯·库利（Charles Cooley）提出“镜中我”的概念，镜子中的我或别人眼中的我就是我们感知的对象，人们常常依据别人如何对待自己来了解自己，这一过程称为反射性评价。在生活中，大学生可以从他人的态度与反应中来了解自己。

3. 自我知觉 在内部线索微弱或模糊的情况下，人们常常依据外在行为来推断自己的特征，如性格、态度、品质、爱好等。但在大多数情况下，人们常常依据内部线索了解自己，如想法、情绪等。

4. 社会比较 在缺乏明确标准时，人们常常和自己相似的人做比较，大学生正处于人生重要的发展时期，人生目标、职业理想、生活态度等都在形成之中，社会比较为大学生提供了认识自我、了解自我和发展自我的重要标尺。当个体的目的与动机不同时，采用的社会比较策略也不相同。例如，自我保护与自我美化的动机促使学生与那些不如自己走运、成功和幸福的人相比；而自我成功动机强的人更倾向于向上比较，与那些比自己更加成功的人相比，促使自己更加成功。

（三）自我意识的作用

大学生处在自我意识发展的重要阶段，积极的自我意识对大学生的发展有着重要的意义和作用。

1. 决定个体行为的持续性与目标性 个体如何理解自己，是保证个体如何行动及以何种方式行动的重要前提。例如，那些自我意识积极的学生，其成就动机和学习投入及学习成绩也明显优于那些自我意识消极的学生；相反，那些认为自己声名不佳的学生，就会放松对自己行为的约束。

2. 决定个体对经验的解释 经验的解释方式取决于一个人的自我意识。不同的人对完全相同经验的解释也有可能有很大的不同或完全不同。例如，一个自认为能力一般、只能获得平均成绩的学生，获得比较好的成绩时会认为是取得了极大的成功，感到十分满足；而当同样获得比较好的成绩时，一个自认为能力优秀、应当获得出众成绩的学生，则可能会解释为是遭到了很大的失败，并有一种极大的挫折感。

3. 影响个体的期望水平 个体对自己的期望是在自我意识的基础上发展起来的，并与自我意识相一致，其后来的行为也取决于自我意识的性质。例如，成绩长期落后对于普通学生是不正常的，但对于成绩不好的学生，由于他们的整个行为动力系统都出现了偏离，并在偏离的状况下形成了一个新的自相一致的系统，因而在系统内部一切并没有不正常。换言之，落后的学习成绩正是自己“预期”的结果。

二、大学生自我意识的发展

个体自我意识的发展，经历了童年期（自我意识的萌芽）、少年期（自我意识形成时期）、青年期（人格初步形成并定型的时期）、成年期（人格成熟时期）四个阶段。

处在青年期的大学生，主要解决“我是谁？”“我将走向何方？”这两个方面的问题，具体体现在六个方面：①我现在想要什么？②我有何身体特征？③父母对我的期望如何？④以往成败经验如何？⑤现在有何问题？⑥希望将来如何？这些问题如果没有正确处理好，将对大学生产生重大的影响，而自我意识的发展，也经历了一个特别明显的分化—冲突—整合的过程。

（一）分化

进入青春期，大学生原先完整的“我”被打破，出现了两个“我”，一个是作为观察者的“主观我”，另一个是作为被观察者的“客观我”，大学生既是观察者又是被观察者。伴随着“主观我”和“客观我”的分化，“理想我”和“现实我”也开始分化。自我意识分化是大学生自我意识开始走向成熟的标志，自我意识的明显分化，使大学生主动、迅速地关注自己的内心世界和行为，对自我产生了新的认识、体验，自我沉思增多，渴望被理解、被关怀，希望有自己独立的空间；同时，也伴随种种激动不安和焦虑。这种分化是成长的进步，它表明一个青年开始懂得认识自己。

（二）冲突

在自我分化阶段，如果“主观我”与“客观我”不能统一，自我形象便不能确定，就会表现出内心冲突。归纳起来，当代大学生自我意识的矛盾冲突主要表现在以下六个方面。

1.“主观我”与“客观我”的冲突 大学生“主观我”与“客观我”的冲突相对突出，一方面大学生对自我有较高的积极评价，但由于远离社会，对社会缺乏实际与客观的审视，在处理实际问题或社会交往中受挫，从而产生挫败感和落差。

2.“理想我”与“现实我”的冲突 大学生怀揣着梦想步入校园，但踏入校园的同时，现实与心中的理想形成了巨大的反差，便会出现“理想真空带”与“动力缓冲带”，一时间找不到自己生活的方位。一方面，这种落差是正常的，它可以激励我们奋发图强、积极向上；另一方面，如果现实与理想太过遥远时，大学生有可能会产生各种各样的心理不适甚至自暴自弃，变得平庸无为、无所事事、没有动力。

3. 独立与依附的冲突 一方面，随着生理与心理的成熟，大学生渴望以独立的个体面对生活、学习与工作中遇到的问题；另一方面，当应激事件出现时，却又盼望亲人、老师、同学能够替自己分忧。此外，心理上的独立与经济上的不独立也形成了明显的反差。大学生在迫切希望摆脱约束、追求自立的同时，却又不可能真正摆脱家长、老师的支持和帮助。

此外，独立并非意味着独来独往，而在于个人必须对自己的行为负有责任。“一个好汉三个帮”，即使是一个独立性很强的人，也有依靠别人的需求。不同的是，独立的人更多的是依靠自己的力量和努力去克服或解决自我的问题，而不是完全依靠他人的帮助或依赖于别人，广泛的社会支持是个体心理健康不可或缺的。

4. 渴望交往与心灵闭锁的冲突 大学生渴望友情与爱情的滋养，更加渴望同辈群体的认同。然而，自我表露又受心灵闭锁的影响，总是不经意地将自己的心灵深藏起来，与同学有意无意地保持着一定的距离，存在戒备心理，不能完全敞开心扉与他人交流与沟通思想。

5. 自负与自卑的冲突 自信是一种健康的心理，是健全的自我意识与成熟人格的标志。但是，由于自我意识尚在发展过程中，心理尚未完全成熟，因而对自己的认知往往会出现自卑或自负等偏差。当获得小小的成就时，大学生很容易骄傲自大、唯我独尊，好像世界尽在手中；当遭遇失败与挫折时，有时甚至是小小的失利，又会导致大学生开始怀疑自己的能力，进而产生自我否定、自我怀疑甚至自暴自弃的想法。

6. 理智与情感的冲突 大学生情绪波动性大，易冲动，不易控制，表现出显著的两极分化。但随着身心的发展，认知水平的提高，心理渐渐成熟，在遇到客观问题时，既想满足自己情绪与情感的要求，又想服从于社会及他人的需求，从而导致理智与情感的冲突。

（三）整合

随着年龄的增长和社会阅历的丰富，大学生逐渐在多维度中审视自我、调整自我，向理想自我靠近，这也是我们常说的自我同一性的建立。从多维度观察的自我同一性越高，自我意识发展越好，人格越完善。但是，由于每个人的成长背景、家庭教养方式、社会经济地位、人生志向、职业目标不同，大学生自我意识整合的结果与类型也不同。从自我意识的性质看，大学生自我意识的整合结果表现在三个方面。

1. 积极自我 自我肯定，即对自我的认识比较清晰、客观、全面、深刻。这种积极自我的特点是在经过痛苦的选择与调整之后，大学生逐渐成长，使自己的“理想我”与“现实我”趋于统一，主观我与客观我趋于一致，对自我的认识更加深刻、客观、理性。积极的自我不仅了解自己的长处与优势，也了解自己的不足与劣势，能够分析哪些是通过努力可以达到的，哪些是属于无法企及的，从而进行积极的自我肯定，向着理想自我迈进。

2. 消极自我 消极的自我意识分为两个方面：自我贬损型与自我夸大型。

自我贬损型的人由于总在积累失败与挫折的经历，对现实自我的评价较低，并时常伴有无价值感、自我排斥、自我否定之感。他们不但不接纳自己，而且自我拒绝、自我放弃，表现为没有朝气、随波逐流、缺少激情，生活没有目标，其结果则更加自卑，从而失去进取的动力。

自我夸大型的人正好相反，他们对自我的评价非常高，往往脱离客观实际，常常以理想自我代替现实自我，盲目自尊，虚荣心强，心理防御意识强。其行为结果要么表现为缺乏理智，情绪冲动，忘记现实自我而沉浸于虚无缥缈的自我设计中；要么表现为自吹自擂、自我陶醉，却不去为实现自我作出努力。

自我贬损型与自我夸大型的共同特点是对自我评估不正确、理想自我不健全，缺乏实现理想自我的手段，形成的自我虚弱而不完整，是一种不健康的自我整合。虽然，大学生中这种类型的人较少，但严重者可能用违反社会规范或违法犯罪的手段来谋求自我意识的整合。

3. 自我冲突 是指难以达到整合的自我意识，它表现为自我评价始终在真实自我上下徘徊，自我认知或高或低，自我体验或好或坏，自我控制时强时弱，心理发展不平衡，有时显得自信而成熟；有时又表现出自卑而不成熟，让人无法评估。

自我冲突的人表现为两种类型：自我矛盾型与自我萎缩型。自我矛盾型的大学生，内心冲突激烈，持续时间长，自我认知、自我体验、自我控制不稳定，新的自我无法整合。例如，有的大学生可能既是一个自信的人，也可能是一个自卑的人；既是一个诚实的人，也可能是一个骗子；既是一个性格孤僻的人，也是一个善于交际的人。自我萎缩型的大学生缺乏理想自我，但又对现实自我深感不满，他们消极放任、自怨自艾，甚至麻木、自卑，以至于对自己丧失信心，严重者还可能导致患某些精神性疾病。

因此，自我冲突的大学生要逐渐调整自己的自我认知，客观地认识自己与他人，客观地看待成功与挫折，这样才能使自我意识在良性轨道上循环。

三、大学生自我同一性的建立

自我同一性，也称为自我认同，是指个体寻求内在合一及连续的能力。自我同一性是大学生寻求自我了解与自我追寻的必然历程，对大学生人生价值的选择、理想信念的树立有着积极意义。如果大学生不能建立良好的自我同一性，就会对社会的主导价值表示怀疑，极易造成生活没有重心、摇摆不定。

（一）大学生的自我同一性

对于青年期的大学生来说，人生发展的一个重大课题就是自我同一性的建立。不同的学者根据不同的主题将人生分为不同的阶段。例如，埃里克·埃里克森（Erik Erikson）的“人格发展理论”，他将每个阶段特定的心理、社会发展课题称为“心理社会危机”。个体每个阶段心理、社会发展课题的完成、危机的解决，会产生积极的品质，反之就会产生消极的品质，如表 2-2 所示。大学生处在青年期向成年早期过渡的阶段，其发展目标是既为先前各阶段遗留下来的同一性危机寻求最终的解决途径，又使青少年在心理上做好准备，形成同一感，与成人处于相同的地位，去应对即将面临的人生重大问题，如职业、婚姻等。

表 2-2 埃里克森人生发展阶段

阶段	年龄	发展任务
婴儿前期	0～1.5 岁	获得信任感和克服不信任感，体验着希望的实现。
婴儿后期	1.5～3 岁	获得自主感而克服羞怯感和疑虑感，体验着意志的实现。
学前期	3～6 岁	获得主动感，克服罪疚感，体验着目的的实现。
学龄期	6～12 岁	获得勤奋感而克服自卑感，体验着能力的实现。
青年期	12～18 岁	建立自我同一性和防止同一性混乱，体验着忠诚的实现。
成人前期	18～25 岁	获得亲密感，克服孤独感，体验着爱情的实现。
成人中期	25～50 岁	获得繁殖感而避免停滞感，体验着关怀的实现。
成人后期	50 岁以上	获得完善感和避免失望和厌恶感，体验着智慧的实现。

（二）大学生自我认同常见问题

大学生自我意识的分化—冲突—整合，如果完成得较好，就能够适应与化解危机，达到自我同一性；否则，容易出现自我同一性危机，个人方向迷失，与自己的角色不相适应，最后出现退缩、自卑等不良人格特征。具体表现在以下几个方面。

1. 时间观念混淆 大学生对时间的认同是自我认同中非常重要的一件事。有的大学生没有认识到时间的不可挽回性；有的为了避开成长的压力，希望面临的困境能随着时间流逝而消失；有的希望时间停滞不前，依旧沉浸在少年时代中，不去主动承担成年后的责任，拒绝成长，造成不成熟的自我认同。

2. 自我冲突 大学生从多维度看待自己，如自己的认知、他人的反馈、对成功与挫折的体验，都在很大程度上影响着大学生对自我的认知。有的大学生过分看重别人对自己的看法，有的则对一切都抱漠不关心的态度；有的对自我产生否定，有的又盲目自信、自负等。

3. 缺乏职业预期 大学生的职业生涯规划与职业预期是学业的重要归宿，也是一个非常实际的问题。部分大学生无法对自我进行正确的认知和能力的肯定，从而导致对未来职业缺乏正确的预期。部分有才能的大学生由于缺乏毅力而无所建树；也有的大学生缺乏职业目标和方向，沉溺于网络游戏不能自拔，从而荒废了学业。

4. 性别角色认同偏差 大学生在大学期间应当对社会规范的性别角色及其责任有所认同，接受自己完全是个男性或女性而有适当的性别表现，与同性或异性相处都感到自在，否则易陷入两性危机中。

5. 团队角色定位不清 大学生既要发展自己作为团体领导者的能力，又要学会具有作为团体成员的团队精神与合作精神。但是，由于对自我角色定位不清晰，容易导致很多大学生作为领导者时，不能适当地运用权力；而作为团体成员时，盲目服从或不能归属于团队。

6. 价值观偏差 大学时期是大学生真正开始选择人生、思考人生，逐步形成自己的人生观、价值观及生活理念的时期。大学生价值观的确立是自我同一性的最高境界，也是自我同一性最为重要的任务。部分同学因为家庭背景、个人经历及对社会的片面认识，出现价值观偏差的现象，部分学生崇尚享乐主义、游戏人生等。

（三）健全自我意识

自我意识对人的心理健康起着很重要的作用，它制约着人格的形成与发展，在人格的优化中发挥着强大的动力功能。健全的自我意识是心理健康的重要标准，是人类内在的一种成功机制，在人才发展中发挥着重要作用。

大学生自我意识的发展与完善也是一个不断进行自我认知、自我评价、自我改造、自我完善的过程。正确认识自我是健全自我意识的基础，悦纳自我是发展健康自我体验的核心和关键，对自我进行有效调控是健全自我意识、完善自我的有效途径。

链 接 健全自我意识的标准

（1）有自知之明的人，既知道自己的优势，也知道自己的劣势，能正确评价自我和发展自我。

（2）自我认知、自我体验和自我控制协调一致。

（3）积极地自我肯定，行动独立，并与外界保持一致。

（4）理想自我与现实自我统一的人，有积极的目标意识和内省意识，积极进取、永无止境。

每个人都有自己的优缺点，自我心像或清晰或模糊，甚至不完美。应该说一定限度的不完美是正常状态。那么，当代大学生应该如何健全自我意识呢？

1. 正确的自我认知 “人贵有自知之明”，全面而正确的自我认知是培养健全的自我意识的基础。自我认知是从多方位建立的，既有自己的认识与评价，也有他人的评价。我们不妨仔细地想一想，用尽量多的形容词描述自己，要忠实于自己的内心。在此基础上进行第二步，他人眼中的自我描述，描述父母眼中的我、同学眼中的我、老师眼中的我、恋人眼中的我、兄弟姐妹眼中的我，再寻找这些描述中共同的品质，将其归类。描述的维度越多，越会找到比较正确的自我。

2. 积极的自我悦纳 悦纳自我是发展、健全自我的关键。悦纳自我就是要无条件地接受自己的一切，好的和坏的，成功的和失败的。要让自己体会到价值感、自豪感、满足感。积极愉快地悦纳自我是发展健康的自我意识的关键和核心。那么，如何才能悦纳自我呢？

（1）发现、喜欢有潜能的自己：悦纳自我不但要看到、喜欢有闪光点的自己，还要善于发现、喜欢目前平凡但潜藏着巨大潜能的自己，在此基础上，去体验价值感、幸福感、愉悦感与满足感。

（2）接纳、善待不完美的自己：常言道，金无足赤，人无完人。没有人是十全十美的，每个人都有优点和缺点。人既不会事事行，也不会事事不行。一事行不能说明事事行，一事不行也不代表事事不行。因此，要接纳、善待不完美的自己，这是自信的表现，也是完善自我的起点。

（3）正确对待挫折和失败：有的大学生由于对自己期望很高，总希望自己能够表现得很完美，事实上聪明人不是不失败，而是能够从失败中吸取教训。古人云：失之东隅，收之桑榆。失败对于成功具有重要价值，可以使人获得更丰富的经验，这也是悦纳自我的表现，更是使自我成长的契机。

3. 积极的自我提升与调控 对自我进行有效调控是健全自我意识、完善自我的有效途径。一方面，大学生可以通过努力不断进行自我提升；另一方面，通过不断自我反思、自我监控，促使自己不断成长。

（1）提高自身的成就动机：自我效能感是个体在一定情境下对自我完成某项工作的期望与预期。当人们期望自己成功时，他必然会尽自己最大的努力，并且当面临挑战性任务时，会表现出更强的坚持力，从而增加成功的可能性，自我效能感高的人一般学业期望较高。

（2）克服自我障碍：我们听说了太多这样的故事，由于考试前身体不好，所以在重要考试中没有取得好成绩。为自己的考试不成功寻找适当的借口，这便是典型的自我障碍。一个渴望自我发展的人必须主动克服自我障碍，进行积极的自我提升与自我尝试。积极的自我在尝试中会发现自己新的支点。

（3）关注自我成长：大学生在自我的发展中需要不断地自我反思、自我监控。依照过去、现在、未来对自我进行对比整理，将成长作为一条线索贯穿始终。

4. 自我实现与超越 自我实现预言，也叫自证预言，是指人们对待他人的方式会影响到他的行为，并最终影响其对自己的评价。在这种情况下，人们对其他人怎么样会产生一个预期，这会影响其如何对待他人，而这种对待方式又会导致他的行为与人们最初的预期相一致，使得这一预期成为现实。

素质拓展训练

素质拓展训练 2-1 自我寻宝——20 个“我是谁”

【活动目的】

通过自我觉察，正确认识自己。

【活动步骤】

1. 请用 10 分钟写出 20 句“我是……的人”，要求尽量选择一些能反映个人风格的语句，避免出现类似“我是一个男生”这样的句子，你可以尝试从性格、情绪、偏好等多方面、多角度来描述，注重对自我内心深层的思考。

我是一个____________________的人。

我是一个____________________的人。

我是一个____________________的人。

我是一个____________________的人。

我是一个____________________的人。

我是一个____________________的人。

我是一个____________________的人。

我是一个____________________的人。

我是一个____________________的人。

我是一个____________________的人。

我是一个____________________的人。

我是一个____________________的人。

我是一个____________________的人。

我是一个____________________的人。

我是一个____________________的人。

我是一个____________________的人。

我是一个____________________的人。

我是一个____________________的人。

我是一个____________________的人。

我是一个____________________的人。

2. 请你就上述 20 条进行分类：

（1）对自我积极的描述包括________________________________句。

（2）对物质自我的描述包括________________________________句。

（3）对心理自我的描述包括________________________________句。

（4）对未来自我的描述包括________________________________句。

你还可以请你的同学帮忙，在他认为最能代表你的描述后面打“√”，在不确切的描述后打“？”，再进行商讨修改，这样更加有利于你对自己的清晰认识。

【教师总结】

自我压抑感分析：①回答问题数大于 12 个，无压抑感。②8～12 个，可能存在一定的压抑感。③少于 8 个，可能过分地压抑自我。

自我肯定感分析：①全部肯定。接纳自我，自信心较强，但可能显得自负，自尊心太强，不易认识到自己的缺点而固执己见。②基本或全部否定。严重否定自我，自卑。③肯定和否定都有。自我认知较客观。

自我意识内容完整性分析：①物质自我多。注意锻炼身体，关注自身疾病，占有欲较强。②心理自我多。关注心理健康或心理发展较成熟。③精神自我多。对自我的角色、责任、义务较了解，能按社会规范行动或具有相当程度的社会交往能力。

未来感的分析：①未提未来的事情。现实感较强烈或缺乏生活目标。②未来的事情有一件以上。有一定的理想或生活目标。③未来的事情大于或等于 3 件。未来感较强，但也可能存在空想。

素质拓展训练 2-2　别人眼中的我

【活动目的】

通过比较法，客观、准确地认识自己。

【活动步骤】

1. 请 5 个或 10 个非常了解你的亲人或朋友，列出你的优点和缺点。

2. 自己拿出一张纸，列出自己的优点和缺点。然后将自己列出的与别人列出的一一比较，并做好记录。

别人眼中的我

父亲眼中的我	
母亲眼中的我	
兄弟姐妹眼中的我	
同学眼中的我	
朋友眼中的我	
恋人眼中的我	

【教师总结】

你可能会发现，你认为自己的样子，别人可能并没有相同的看法。别人眼中的你和真实的自己也有所差异，通过对比可以找出差距，甚至发现未知的自己，从而更加客观准确地认知自己。

素质拓展训练 2-3 自我悦纳训练

【活动目的】

通过比较法，客观、准确地认识自己。

【活动步骤】

请你认真地想一想自己有哪些缺点，思考一下这些缺点其实暗含了哪些优点。把你能想到的写下来吧。

我的缺点	可以转换的优点
例如，急躁	做事迅速
例如，爱出风头	善于表达自己

【教师总结】

人无完人，每个人既有优点也有缺点，关键在于自己如何看待。我们既要看见自己的优点，树立自信；又要了解自身的缺点，客观地评价自己，并在此基础上悦纳自我，明确自己改进的方向。悦纳自我并不是认为自己一切都是好的这么简单，总的来说，悦纳自我应当接受自己的全部，无论是优点还是缺点，且这种接纳不因自己做错事而有所改变。

第 2 节 自我认知、职业生涯发展及人职匹配

良好的自我认知，可以帮助大学生作出更适合自己的职业生涯规划，有利于大学生未来职业的发展。大学生在校期间，充分发挥自我认知功能，采用科学的自我认知方法，对个体自身的经验进行科学合理地归因，在未来的成长和职业发展中，将会产生积极、有效的良性循环。

案例 2-2

娜娜从小的梦想是当一名糕点师，但父母并不支持。她高考发挥不是特别理想，在被录取时，没能实现自己的第一志愿，被调配到助产专业，心情相当失落，在父母和同学的开导下，她进入学校进行专业学习。

通过一段时间的接触和学习，娜娜发现自己性格开朗，富有爱心，非常适合助产专业，再加上专业老师的细心指导，也渐渐地对自己未来的职业充满信心。

问题： 1. 娜娜的经历，给你什么样的启示？

2. 大学生应该如何作出适合自己的职业选择？

一、自我认知

自我认知是指对自我的洞察和理解，分为自我观察和自我评价。自我认知在职业方面主要

体现在对职业兴趣、职业性格、职业能力及职业价值观四个方面的认知；自我认知程度越高的人，越能对人生和职业有更好的规划。

二、职业生涯发展

（一）职业生涯

职业生涯是一个人一生所有与职业相连的行为与活动，以及相关的态度、价值观、愿望等连续性经历的过程，也是一个人一生中职业、职位的变迁及职业目标的实现过程。简单地说，一个人职业发展的状态、过程及结果构成了个人的职业生涯。

美国学者唐纳德·休珀（Donald Super）指出，职业生涯是生活中各种事件的演进方向和历程，它统合了人一生中的各种职业和生活角色。1976～1979 年，萨帕提出了一个更为广阔的新观念——生活广度、生活空间的生涯发展观，并将职业生涯划分为以下五个阶段。

成长阶段（出生～14 岁）。经过家庭、学校中重要人物的认同，开始发展自我概念；需要与幻想为这一时期最主要的特质。主要任务是发展自我形象，发展对工作世界的正确态度，并了解工作的意义。此阶段又可细分为幻想期、兴趣期、能力期三个阶段。

探索阶段（15～24 岁）。在学校、休闲活动及各种工作经验中，进行自我反思、角色探索及职业探索。主要任务是将职业偏好逐渐具体化、特殊化，并实现职业偏好。

确立阶段（25～44 岁）。对选定的职业进行尝试，寻求适当的职业领域，并逐步稳定。主要任务是调整、稳定并求上进。

维持阶段（45～60 岁）。在工作中已经取得了一定的成绩和社会地位，主要任务在于维持并提升既有成就与地位。

衰退阶段（60 岁以后）。身心状况衰退，原工作停止，发展新的角色，寻求不同方式以满足需要。主要任务是减速、解脱、退休。

（二）个体职业生涯的发展

职业生涯发展是指个体为了做更有意义的工作而不断发展并提高自我能力的成长过程。一个人对其职业发展有一定的控制力，他可以利用所遇到的机会，从自己的职业生涯中最大限度地获得成功与满足。

最早的职业生涯发展理论常被称作特质因素理论，该理论假定，个体的能力兴趣与大千世界的职业机会可以一一匹配。一个人的兴趣、气质、性格、能力同所从事职业的工作性质和条件要求越接近，工作效率就越高，职业成功的可能性也越大。反之则工作效率和职业成功的可能性就越小。

大学生在进行职业决策时，要根据自己的个性特征来选择与之相对应的职业种类，进行合理的人职匹配，不断提高自我能力，进而实现职业的发展与成长。

三、人职匹配

人职匹配是指不同个体有不同的个性特征，而每一种职业由于其工作性质、工作环境、工作条件、工作方式不同，对工作者的能力、知识、技能、性格、气质、心理素质等也有不同的要求，所以，在进行职业决策时，应选择与自己的个性特征相适应的职业。

美国波士顿大学教授弗兰克·帕森斯（Frank Parsons）的人职匹配理论把职业与人的匹配分为两种类型，即条件匹配和特质匹配。条件匹配指职业所需技能和知识与掌握该种技能和知识的人要匹配。特质匹配指某些职业需要具有一定特质的人来与之匹配，如科学家需要富有创造力。

（一）职业兴趣与职业选择

职业兴趣是个体对某种职业活动具有的稳定而持久的心理倾向。它使人对于某种职业给予优先的注意，并具有向往的情感。职业兴趣对于一个人职业的选择、满意度、稳定性等都将产生重要的影响。职业兴趣不是一蹴而就的，是可以慢慢培养和转换的。

约翰·霍兰德（John. L. Holland）职业兴趣类型与职业对应见表 2-3。

表 2-3　霍兰德职业兴趣类型与职业对应表

类型	基本特征	典型职业
现实型（R）	喜欢和事物打交道，使用工具从事操作性工作，动手能力强，做事手脚灵活，动作协调，喜欢独立做事，喜欢户外活动	技术性职业，如工程师、摄影师、制图员、木匠、厨师、修理工、园艺师、司机等
研究型（I）	喜欢探索和理解事物，喜欢逻辑分析和推理，求知欲强，肯动脑，善思考，喜欢独立的和富有创造性的工作。考虑问题理性，做事喜欢精确，喜欢独立工作	思考创造性职业，如科学研究人员、实验室工作人员、教师、工程师、药剂师、电脑编程人员、医生、系统分析员
艺术型（A）	喜欢自我表达，喜欢写作、音乐、艺术和戏剧。有创造力，乐于创造新颖、与众不同的成果，做事理想化，追求完美，不重实际。具有一定的艺术才能	艺术型创造性职业，如作家、诗人、漫画家、演员、戏剧导演、作曲家、建筑设计师、装潢设计师、艺术设计师、雕刻家、动漫设计人员
社会型（S）	喜欢与人交流合作，善言谈、愿意教导别人。比较看重社会义务和社会道德，热情关心他人的幸福，愿意帮助别人解决困难	社会服务性沟通性职业，如教师、教育行政人员、社会工作者、牧师、护士、咨询人员、公共管理人员、导游、服务型行业人员
企业型（E）	喜欢领导和支配别人，善于去说服别人，追求权力、权威和物质财富，具有领导才能，喜欢竞争，敢冒风险，有野心、抱负，做事有较强的目的性	管理性督导性职业，如政治领袖、政治官员、企业领导、法官、律师、公关人员、商业管理人员、采购员、投资商、项目经理、销售人员、营销人员
常规型（C）	喜欢固定的、有秩序的工作或活动，习惯接受他人的指挥和领导，尊重权威和规章制度，希望有确切的指导工作的要求和标准。按计划办事，细心，有条理，愿意在一个大的机构中属于从属地位	注重事务性细节性职业，如秘书、办公室人员、记事员、统计员、会计、出纳、行政助理、图书馆管理员、打字员、税务专家、投资分析员等

（二）气质与职业选择

气质指表现在人们心理活动的强度、速度、灵活性与指向性等一种稳定的心理特征，即“脾气、禀性”。在日常生活中，有的人性情暴躁，容易发火；有的人遇事沉着，不动声色；有的人活泼好动，能说会道；有的人则多愁善感，胆小怕事。这些心理特性等方面的差异，就是气质特征。常见的气质分类源自古希腊著名的医生希波克拉底，他将气质分为胆汁质、多血质、黏液质、抑郁质四种类型。每种气质类型表现出来的行为方式有所不同，各有优势，在职业选择中可以充分发挥自身优势，取长补短（表 2-4）。

表 2-4　气质与职业选择

气质类型	心理特征	适合职业
胆汁质	坦率热情；精力旺盛，容易冲动；脾气暴躁；思维敏捷；准确性差；情感外露，但持续时间不长	管理工作、外交工作、驾驶员、服装纺织业、餐饮服务业、医生、律师、运动员、冒险家、新闻记者、演员、军人、公安干警等

续表

	心理特征	适合职业
多血质	活泼好动；善于交际；思维敏捷；容易接受新鲜事物；情绪情感容易产生也容易变化和消失，容易外露；体验不深刻	导游、推销员、节目主持人、演讲者、外事接待人员、演员、市场调查员、监督员等
黏液质	稳重，考虑问题全面；安静，沉默，善于克制自己；善于忍耐。情绪不易外露；注意力稳定而不容易转移，外部动作少而缓慢	外科医生、法官、管理人员、出纳、会计、播音员、话务员、调解员、教师、人力人事管理主管等
抑郁质	沉静，对问题感受和体验深刻、持久；情绪不容易表露；反应迟缓但是深刻，准确性高	校对、打字员、排版员、检察员、雕刻师、刺绣师、保管员、机要秘书、艺术工作者、哲学家、科学家

（三）职业性格与职业选择

性格是一个人对待客观事物的态度和行为方式中所表现出来的比较稳定的个性心理特征。一个人的性格是在社会中逐渐形成的，它与个体的成长经历、环境、生活阅历等密切相关，同时性格也受个体生物学因素的影响，能反映出个体的遗传特质。

职业性格是一个人在长期的职业活动中所表现出来的对待人与事的稳定的态度和习惯化的行为方式。它是在个体原有性格的基础上，在职业活动中进一步形成、发展与完善的。

性格与职业有着非常密切的关联，两者有着相互作用的关系，每一个人都有独特的性格特征，每一个职业岗位都有独特的行为要求，如果职业要求的性格特征与一个人的秉性不合，那么工作起来就有点像逆水行舟，而如果能顺着自己的性格去从事适合的工作，工作起来就会如鱼得水，也就更容易取得职业的成功。

（四）职业能力与职业选择

职业能力是一个人能有效地完成特定职业活动所必需的各种能力的总和，是有效完成职业活动、顺利实现工作目标的能力。职业能力是一个人选择职业、岗位的充分必要条件，无论从事何种工作都要具备一定的职业能力作为保障。职业能力由专业能力和职业核心能力构成，后者又包括方法能力与社会能力。

1. 专业能力　每个职业都是需要一定的和特殊的能力才能胜任的，如教师要有专业授课能力，总经理要有协调管理能力，在每个职业岗位的任职资格中可了解到。

2. 方法能力　方法能力主要是指信息收集、筛选和制订工作计划能力，独立决策和实施的能力、自我评价能力和接受他人评价的承受力，并能够从失败的经历中有效地吸取经验教训的能力。

3. 社会能力　任何岗位都是需要与人打交道的，因此社会能力包括了人际交往能力、团队协作能力、对环境的适应能力，以及遇到挫折时良好的心理承受能力，这些都是职业能力中不可缺少的。

（五）职业价值观与职业选择

职业价值观是人生态度和人生目标在职业选择、职业表现方面的体现，也是一个人对职业的认知和态度，以及他对职业目标的追求和向往。职业价值观决定了人们的职业期望，影响着人们对职业方向和职业目标的抉择，决定着人们就业后的工作态度和绩效水平，从而决定了人们的职业发展情况。

根据不同的划分标准，人们对职业价值观的种类划分也不同。我国学者阚雅玲将职业价值观分为 12 类，分别是收入与财富、兴趣特长、权力地位、自由独立、自我成长、自我实现、人际关系、身心健康、环境舒适、工作稳定、社会需要、追求新意。

（六）环境与职业选择

1. 家庭环境 家庭是一个人性格、品质形成的基石。大学生在进行职业生涯规划前，需要考虑家庭的经济状况、家人期望等因素对本人的影响。个人职业发展规划的确立，总是同自身的成长经历和家庭环境相关联的。在进行家庭环境分析时，需要具备以下几点分析要素：家庭生活环境、在家庭中我的性格习惯、家庭经济状况、家人对我的期望、家族文化等。充分分析家庭环境，能从中收获大量的信息和资源。

2. 社会环境 社会环境是对所处的社会政治环境、经济环境的分析，包括国际、国内与所在地区三个层次。影响职业生涯的社会环境因素包括经济发展水平、社会文化环境、价值观念、政治制度和氛围。

3. 行业环境 行业环境分析包括对目前期望从事行业的分析。分析内容包括行业的发展状况、国内重大事件对该行业的影响，目前行业的优势与问题所在，行业发展趋势，以及自己个性及兴趣对所处行业环境是否适应等。

素质拓展训练

素质拓展训练 2-4 职业兴趣培养

【活动目的】

结合兴趣的三个层级，培养职业兴趣。

【活动步骤】

1. 想象能让你感到快乐或幸福的职业相关体验，让自己沉浸在足够多的感官体验中，并记住这幅画面，从中获得对职业产生兴趣的第一步动力。

2. 在感官兴趣还没有消退时，尽快掌握更多的知识，使其进化到自觉兴趣。

3. 给自己找一个兑换价值的方式，把这个兴趣和你最感兴趣的价值绑定。

不断地重复这个过程，职业兴趣就会慢慢固化下来。

【教师总结】

当我们集齐感官、知识和价值兑换机制这三种要素，并不断地“刻意练习”，每个人都能很好地培养起自己对职业的兴趣。

素质拓展训练 2-5 人职匹配

【活动目的】

结合兴趣、人格、能力、价值观等，作出适合自己的职业选择。

【活动步骤】

1. 通过测验或课堂活动，了解自身的兴趣、气质、性格、能力、价值观等，并将结果记录在自我认知栏里。

2. 根据自我认知选择适合自身的职业。

3. 职业决策。

职业思考之“量体裁衣”

项目	自我认知	职业思考
职业兴趣		
气质		
职业性格		
职业能力		
职业价值观		
环境		

【教师总结】

适合自己的才是最好的，通过人职匹配，同学们可以找到更加适合自己的职业方向，从而作出恰当的职业决策。

第 3 节　大学生常见的职业心理与调试

职业生涯规划不是一蹴而就的，职业生涯规划的困境也是长期积累的结果。大学生在进行职业生涯规划时，会遭遇一些相似的心理困扰，如果不能得到及时、恰当的调适，很可能会发展成为影响择业和成长的心理障碍。

案例　2-3

这个秋季，小伟成为一名大三学生。过去的两年里，小伟和身边的很多同学一样，过着按部就班的生活。每日固定的轨迹是教室→宿舍→食堂，偶有社团活动，小伟却提不起兴趣；入学时还被选入了学生会，可每次都是做一些零碎的小事儿，小伟觉得挺没劲的，就慢慢退出了。学习方面，小伟自知并未十分投入，可考试成绩凭借最后两周的复习，大多能够有惊无险地通过。手机社交、上网、游戏占据了他绝大部分课余时间和相当一部分课堂时间。小伟知道这样不对，可是因为再没有人像高中时那样督促自己，自己又管不住自己，时间就在大部分的迷茫和偶尔的惭愧中一晃而过。再有一年就要毕业了，自己将何去何从？面对这个问题，小伟焦虑、不知所措，只能通过网络转移注意力，而这越发使他的焦虑感和不知所措持续升级。

问题： 1. 小伟的主要问题是什么？

2. 如果你是小伟，你会怎么做？

一、大学生常见的职业心理困扰

面对严峻的就业形势和社会竞争，部分大学生在职业选择和职业规划中存在一定的心理困扰，常见的心理困扰包括以下几方面。

（一）依赖

部分大学生习惯了被父母呵护，对于自己的未来没有任何打算，寄希望于父母帮助其解决所有问题。长期的依赖心理，导致他们不知道自己喜欢什么、能干什么，不知道在严峻的就业形势下自己的定位，不知道自己想进入一个怎样的组织，不知道自己若干年后会是一种怎样的状态。更关键的问题在于，他们不知道自己不知道。

（二）焦虑

部分大学生意识到了就业形势的严峻和职业生涯发展的紧迫，也一直在为之积极努力。但面对不容乐观的外在环境，面对回应努力的种种失败，大学生可能会过度焦虑，甚至会有一些躯体化症状。

焦虑产生的原因主要有以下几个方面：①由于缺乏对真实社会的理性认识，产生步入社会之前的心理焦虑；②对就业、考研、考公务员的选择犹豫不决，顾此失彼，产生患得患失的彷徨心理；③尚未顺利就业，因挫折产生焦虑；④多种选择的取舍，同样患得患失。

适度的焦虑是正常的和有益的，但过度的焦虑则会影响个体的正常社会功能和身体机能。当今的社会充满机遇与挑战，选择焦虑、遭遇挫折，这很正常，无须惧怕。有经历，有成长，逐渐学会坦然地接受这个过程，焦虑的程度和频率自然会降低。

（三）自卑与怯懦

部分大学生遭遇一次挫折之后对自己彻底失去信心，表现为畏缩、脆弱，一次次在自我怀疑和自我贬低中失去了机会。这更使得大学生对职业乃至人生悲观失望，不但不能发挥其自身的潜能，而且可能会消极厌世乃至走向极端。

（四）自负与短视

大学生经历相对简单，对社会和职业充满各种美好的期待，加之对自我认知的偏差，容易产生盲目乐观的心态。此外，部分大学生在进行职业积累、职业选择或职业实践的过程中只顾眼前的得失，不能放远未来，从而导致自负和短视。

职业发展是一个不断自我磨炼、自我提升的过程。大学生在职业发展过程中，只有通过积极调适，不断克服各种困难，才能得到发展，走向成功。

二、职业心理的积极调适

（一）理性认识自我

职业自我是一个内涵丰富、层次复杂的探索对象，因此需要综合多方面的探索手段。除了心理测量之外，职业实践、自省和他人评价也是理性认识自我的重要途径。

1. 职业实践 可以说是大学生探索职业自我最为直接有效的方法。职业实践不但可以帮助大学生对职场进行深入、细致的了解，而且可以对职业自我的心理测量结果进行验证，还可能会发现一些之前未曾意识到的问题。

2. 自省 是职业自我探索的有效手段。

（1）记录自己关于职业的发展历程：如“我有什么雄心大志？”“最想做什么？”“我最崇拜什么人，为什么？”“我还有哪些心愿和梦想仍然未能实现？”等。

（2）进行个人成就史的分析：如列出自己在学习、工作或生活上的成就，并分析“发生了什么事？”“遭遇到哪些挑战？”“出现了哪些机会？”“这件事跟我有什么关系？”“如果没有我，结果会如何？”“我怎么解决问题？”“经过我的努力，取得了哪些成果？”“我从中得到了怎样的满足？”等，找出这些经历的共通之处。

3. 他人评价 职业自我的探索是一个漫长的过程，职业实践、他人的评价也会不断地修正我们的看法。

（二）理性认识工作

1. 认识职业的功能 职业不但是作为谋生的一种手段，同时也是实现个人价值和社会价值的平台。职业选择不是一蹴而就的，大学生在职业选择初期可能会面临职业的再次选择，这是职业探索的一个过程。

2. 理性进行职业决策　职业带给大学生的不只是物质报酬，更有发展机遇、自身的成长乃至自我实现，所以，在进行职业决策时，大学生不能仅仅只看眼前利益，还应结合职业自我认知，如职业兴趣、职业价值等进行理性的职业决策。

（三）提高自身能力

积极进行内部和外部探索，抓住每一个机会去学习和成长，是构建合理的职业能力结构的有效途径。

1. 一定的专业素质　具备一定的专业素质是获得工作的前提，也是职业生涯发展的重要基础。专业素质可以分为专业知识和专业技能。同时，还要注重专业知识与工作实践的联系，重视专业实践。

2. 良好的通用技能　除掌握专业技能外，大学生还应努力提高综合素质，掌握一些通用技能，如沟通技能、数字的运用、信息技术、与他人合作、提高学习能力与增进绩效、解决问题等。

（四）正确对待挫折

正确对待职业生涯中可能遇到的各种挫折，对于大学生健康成长、适应社会有着重要的现实意义。

首先，面对挫折，大学生应该具有担当的态度和勇气。

其次，懂得自我调节与维护。陪伴、倾诉、休息和睡眠、自我放松与健康娱乐……这些都是常用的自我调节与维护的手段。

最后，学会宽容和求助。大学生应具有博大的胸怀，懂得适时对自己、对他人宽容。同时，当遇到挫折时，还会运用自己的支持系统，懂得并善于寻求帮助，从而顺利渡过难关。

素质拓展训练

素质拓展训练 2-6　生涯幻游

【活动目的】

通过想象，找到适合自己的职业方向。

【活动步骤】

1. 让学生坐在椅子上，闭上眼睛放松自己，伴着轻音乐和适当的指导语幻想自己经由时空旅行来到 5 年后的世界，想象自己 5 年后的生活和工作，让学生在冥想中幻游人生。由此折射出学生的兴趣、性格及职业选择。

2. 让学生用画笔或文字把刚才的“旅途”中的心境与感受描绘出来。通过彩绘或描述，加深旅途心境的印象，同时给学生提供思考的时间。

3. 采用小组分享、请代表发言的形式让同学们分享自己刚才的旅途心境，用多媒体显示一些具体的问题，引导学生明确地陈述自己的职业选择。这个过程关键是引导，如氛围的营造、具体问题的设置，意在使学生能够作出深刻的想象。如果有同学不愿意绘画或分享，也可通过下面的方式记录。

我 5 年后从事工作的描述：

工作 ________________________________

工作内容 ____________________________

工作场所 ____________________

工作场所周围的环境 ____________________

工作场所周边的人群 ____________________

【教师总结】

通过刚才的幻游，请同学们将 5 年后的画面保留在记忆中，也可以将其画出来。迷茫时，可以将这幅画面提取出来。

本章小结

本章介绍自我意识的定义和结构、自我意识的发展及大学生自我认同常见的问题，通过课堂活动及素质训练，正确认识自我、接纳自我并建立积极的自我认知。同时，在自我认知的基础上，作出更加适合自身的职业规划，应对职业发展中存在的各种心理困扰。

收获与成长

通过本章的学习，我收获了____________________

____

____

____

____

自测题

1. 请结合自身实际情况，画出自画像。
2. 运用思维导图的方式，分析自己未来可能的职业选择方向。

（方　颖）

第3章 有效学习与时间管理

学习行为是心理学的经典研究领域，教育心理学等心理学分支学科积累了大量的相关理论和应用研究成果。理解、运用学习心理学的知识，可以让学生实现自身学习系统的自我更新，科学有效地提高学习效果。

第1节　学习原理概述

案例 3-1

高职生小明入校以来，发现学校提供了很多网络学习的资源，还可以选修网络教学课程，一方面，小明觉得网课学习的时间灵活，用智能手机就可以随时随地学习；另一方面，小明发现离开了课堂上老师的管控，自己经常会在网课学习时“溜号”，身边的个别同学为了获得学分，只是在播放课程，并没有真正学习。

问题： 1. 你认为网课学习和传统课堂学习有何异同？

2. 你认为是什么影响了网课学习的效果？

一、认识学习

（一）学习的定义

人的行为可以分为两类，一类是先天获得的本能行为，另一类则是后天通过学习习得的。心理学家一般把学习定义为：人在后天生活过程中获得经验而产生的行为或行为潜能相对持久的变化。

学生的学习，通常指在学校的学习，是人类学习中的一种特殊形式。它是指在教师的指导下，有目的、有计划、有组织、有系统地进行的，在较短的时间内接受前人所积累的科学文化知识，并以此来充实自己的过程。学生的学习不但要掌握知识经验和技能，还要发展智能，培养行为习惯，以及提高道德品质和促进人格的发展。

学生的学习效果，可以直接凭借行为的改变来推断，如个体从不会游泳到能够游泳。但有时，个体的学习结果不一定能在当前的行为中立即表现出来，但它们却影响着人们未来的行为潜能，如个体诚信品质的习得，可能是在将来的某个事件情景处理中体现出来的。学习的效果如何，还要看行为或行为潜能的变化是否相对持久，药物、疲劳、疾病等因素也能引起行为或行为潜能的变化，但这些变化都是比较短暂的。如学生因感到压力过大影响了学习效率，而一旦压力得到缓解，行为表现又会恢复如初。

（二）有效学习

有效学习是在科学的学习理论指导下，依据学习规律和学生的心理发展规律，应用科学的学习策略、方法和技巧，发挥学生学习的主观能动性，从而在单位时间内能够更轻松愉快地获得更多、更好的知识，达到培养能力和促进全面发展的良好学习效果的过程。当代的大学生处在快速发展的数字化时代，学习内容更新换代的周期越来越短，有效学习理论可以帮助学习者学会学习，即提高学习能力，用以解决学习内容无限性和学习时间有限性的矛盾。

有效学习的内涵主要包括自主学习和创新学习。大学生在进行网络课程、新媒体课程学习时，可以运用自主学习策略，在极为丰富的学习内容中精准地获取、整合、应用学习资源，结合自身的学习特点，实现学习的“私人订制”。大学生学习也需要具备探究创新精神，不满足于现有的有标准答案的“考试题”。因此，大学生的学习是否有效还要看是否能够学以致用，做好未来的“考卷”。

二、学习的类型

心理学家根据学习的不同方面，对学习进行了多种分类。了解不同的学习类型，有助于我们更加深入地理解学习行为。下面，笔者将简要介绍几种经典的学习分类。

（一）学习结果的分类

美国教育心理学家罗伯特·加涅（Robert Gagné），根据学习结果，将学习划分为五种类型。

1. 智慧技能的学习 即学习运用概念、规则办事的能力，它指向学习者的环境，使学习者能处理外部的信息，如学生学习掌握概念、规则后，将其运用于新情境的能力。

2. 认知策略的学习 即学习运用人们学习、记忆、思维的规则支配人的学习、记忆或认知行为，并提高学习、记忆或认知效率的能力，它指向学习者的内部，使学习者能够在应对外部事件的过程中，对自身认知活动进行监控、调节。

3. 言语信息的学习 即掌握以言语信息形式传递的内容，或学习结果是以言语信息表达出来的，表现为学会陈述观念的能力，如说出“平等”的含义。

4. 动作技能的学习 即通过练习获得的、按一定规则协调自身肌肉运动的能力，表现为平稳而流畅、精确而适时的动作操作能力，如学习骑自行车、游泳等。

5. 态度的学习 表现为影响着个体对人、物或某些事件的选择倾向。

加涅认为，上述五类学习不存在等级关系，其顺序是随意排列的，它们是范畴各不相同的学习。每一学科的学习都可以获得这五种结果，且不会超出这五种结果，但可能不能完全获得这五种结果。

（二）学习方式的分类

美国教育心理学家戴维·奥苏贝尔（David Ausubel）根据学习进行的方式，把学习分为接受学习与发现学习，又根据学习材料与学习者原有知识结构的关系，把学习分为机械学习与意义学习。

学生的学习主要是有意义的接受学习。接受学习是指在教师指导下，学习者接受事物意义的学习。接受学习是课堂学习的主要形式。奥苏贝尔认为，接受学习适合于年龄较大、有较丰富的知识和经验的人。在接受学习中，所要学习的内容大多是现成的、已有定论的、科学的基础知识，通过教科书或老师的讲述，用定义的方式，直接向学习者呈现。这时不可能发现什么新知识，学习者只能接受这些已有的知识，掌握它的意义。

大学生已经积累了一定的知识经验，所学的知识繁多，其学习的方式也应该更为复杂，这时候的学生如果还是使用机械背诵、重复刷题等被动的学习方式，其学习效率便会大大下降。此时学生的学习，更多的应该是积极地运用其原有的知识经验，主动地加工新知识，在头脑内部构造新旧知识的联系。

（三）学习内容的分类

我国教育心理学家冯忠良依据学习的经验内容不同，将学生的学习分为三类。

1. 知识学习　包括知识的领会和应用，要解决的是知与不知、知之深浅的问题。

2. 技能学习　技能学习又分为心智技能和操作技能两种，要解决的是会不会做和做得熟练不熟练的问题。

3. 行为规范的学习　是把外在于主体的行为要求，内化为主体内在的行为需要的过程。其学习既包括社会规范的认识问题，又包括规范执行及情感体验，要解决的是个体与他人和集体的关系问题。

链接　学习迁移

学习迁移指一种学习对另一种学习的影响。迁移广泛存在于各种知识、技能、行为规范与态度的学习中，平时我们所说的举一反三、触类旁通等都是典型的迁移。

迁移分为正迁移和负迁移。正迁移指前面学习对后面学习的促进作用。例如，一个人学会了骑自行车，有助于学习骑摩托车；负迁移指前面学习对后面学习的抑制作用。例如，一个人能熟练地打羽毛球，在学习网球时可能会很不习惯。

在学习中应注意新旧学习内容的联系，善于运用迁移，可以有效提高学习效率。

三、影响学习的心理因素

对学生学习能够产生影响的心理因素及因素间的作用机制复杂多样，一般包括智力因素和非智力因素。了解这些因素与学习的关系，可以更好地利用其来提高学习效果。

（一）智力因素

1. 智力结构　一元智力理论认为，智力就是人的学习能力，主要包括注意能力、观察能力、记忆能力、思维能力、想象能力，其中思维能力是智力因素的核心。多元智力理论认为，人的智力包括语言智力、数理逻辑智力、音乐智力、空间智力、身体智力、人际交往智力和自我认知智力。每个人都有其独特的智力结构和学习方法，个体应该在接受学校教育的同时，发现自己的优势智力结构，扬长避短。不同理论虽然对智力的具体内涵表述有所不同，但都认为智力是成就学业、发展事业的重要条件。

2. 元认知水平　学生在学习中，不仅要进行各种认知活动（感知、记忆、思维等），还要对自己的学习活动进行积极的监控和调节，这种对自身学习活动的监控和调节就是元认知。个体的元认知水平越高，也就意味着越能更好地完善学习策略，提高学习能力。元认知是发展智力水平的智力。在大学生中，元认知能力存在着极大的个体差异，通过加强对元认知的学习和培养，能使大学生的元认知能力获得迅速发展和提高。

3. 智力发展水平　个体的智力发展水平直接影响着学习的可接受水平、学习的深度与广度，因此学生的智力发展水平是有效学习的基本条件。发展心理学研究表明，个体的发展，受其本身的心理发展规律制约，学习必须适应个体智力发展的水平。在智力发展的不同阶段，应该有不同的学习要求、不同的学习内容与学习形式，而现阶段的学习内化，又促进了智力的发展。

（二）非智力因素

1. 态度与学习　学习态度通常可以从学生对待学习的注意状况、情绪状况和意志状态等方面加以判定和说明。学生的学习态度，具体又可包括对待课程学习的态度、对待学习材料的态度，以及对待教师、学校的态度等。

学习态度对学习行为的调节，首先表现在对学习对象的选择上，学生一般会选择自己认为有价值的和（或）感兴趣的内容学习。学习态度调节学习行为，还表现在学生对学习环境的反应上，当学生在学习态度与教学环境上保持一致时，就积极努力地学习。但如果由于某些原因对学习环境（如教师、学校等）产生不良态度时，则会回避学习环境并产生不利于学习的不良行为，如逃学、反抗等。

2. 动机与学习 学习动机是直接推动学生进行学习的驱动力。一个学生是否想要学习、学习的努力程度、积极性、主动性等都与学习动机有关。

学习动机有内部动机和外部动机之分。内部动机是指由个体内在的需要引起的动机。例如，学生的求知欲、学习兴趣等内部动机因素会促使学生积极主动地学习。外部动机是指个体由外部诱因所引起的动机。例如，某些学生为了得到教师或父母的奖励或避免受到教师或父母的惩罚而努力学习，他们从事学习活动的动机不在学习任务本身，而在学习活动之外。外部学习动机只有转化为内部需要，才能发挥持久作用，如有些学生离开了教师或父母的督促，就不再学习，但是如果将教师或父母的殷切期待转化为自己的责任感、义务感，就会不断自我督促，保持学习动力。

3. 人格与学习 学生的人格特征对学习也有深刻的影响。一般认为有毅力、认真、主动等人格特征对学习和问题解决都有积极的影响，而浮躁、马虎、被动等人格特征对学习和问题解决有消极的影响。

4. 心理健康状态与学习 学生的心理健康状态也是影响学习的一种重要因素。健康的心理是学习效率的重要条件，如积极的自我观念，适当的自信心，对学习压力、挫折的耐受性等，都是有效学习的保障条件。

素质拓展训练

素质拓展训练 3-1 学习动机测试

指导语： 这是一份学习动机量表，请依据自己的实际状况，在符合你情况的答案上画“√”，本问卷每一题后面都有 6 个等级，对应得分为 1～6 分，每题你只能画一个“√”。

项目	完全不同意（6）	大部分不同意（5）	部分不同意（4）	部分同意（3）	大部分同意（2）	完全同意（1）
1. 充实和丰富自己的精神世界	□	□	□	□	□	□
2. 提高自己的素质	□	□	□	□	□	□
3. 成才，发挥自己的潜能和价值	□	□	□	□	□	□
4. 对学习内容或者学习本身有兴趣	□	□	□	□	□	□
5. 追求真知，透彻地认识世界	□	□	□	□	□	□
6. 将来事业上的成功	□	□	□	□	□	□
7. 维护学校荣誉，为学校争光	□	□	□	□	□	□
8. 班级集体和所在系的荣誉	□	□	□	□	□	□
9. 为了成为有益于社会的人	□	□	□	□	□	□
10. 实现自我价值的同时服务他人	□	□	□	□	□	□

续表

项目	完全不同意(6)	大部分不同意(5)	部分不同意(4)	部分同意(3)	大部分同意(2)	完全同意(1)
11. 对得起老师的辛勤培养	□	□	□	□	□	□
12. 人类的进步和繁荣	□	□	□	□	□	□
13. 出人头地，得到较高的社会地位	□	□	□	□	□	□
14. 学本事好赚钱	□	□	□	□	□	□
15. 为能胜任未来的工作	□	□	□	□	□	□
16. 成家后想有一个富裕的家庭	□	□	□	□	□	□
17. 校纪的约束	□	□	□	□	□	□
18. 怕毕不了业，拿不到文凭	□	□	□	□	□	□
19. 怕考不好丢面子	□	□	□	□	□	□
20. 怕成绩不好受到亲友的责难	□	□	□	□	□	□
21. 干一番事业，成名成家	□	□	□	□	□	□
22. 将来谋取某种权力或地位	□	□	□	□	□	□
23. 找一个理想的终身伴侣	□	□	□	□	□	□
24. 不辜负一个我十分爱戴的人	□	□	□	□	□	□
25. 报答养育我的恩人	□	□	□	□	□	□
26. 替几位要好的朋友争口气	□	□	□	□	□	□

结果解释：

该问卷共分 6 大项 26 个小项，分别测试学生的 6 种学习动机：求知进取（1～6 题）、社会取向（7～12 题）、物质追求（13～16 题）、害怕失败（17～20 题）、个人成就（21～23 题）、小群体取向（24～26 题）。某种学习动机得分越高表明动机强度越弱，得分越低动机越强。

第 2 节　大学生常见的学习困扰

案例　3-2

小丽是一名高职二年级学生，刚入学时，她就下定决心要考专升本。在大一阶段，小丽觉得时间还挺充裕的，宿舍的同学也都在放松娱乐，所以小丽并没有实际行动。进入大二后，小丽制订了学习计划，但进行了一段时间自习后，小丽发现自己根本不能静下心来看书，学习效率很低，开始担心专升本失败，最近一周经常失眠，情绪越来越急躁，还与原本关系不错的舍友发生了争吵。

问题： 1. 你认为小丽遇到了什么学习困扰？

2. 如果你是小丽，你会怎么做呢？

一、一般学习困扰及应对

（一）一般学习困扰

大学生学习困扰常见于以下一种或几种心理行为表现。

1. 理想和现实落差大 一些大学生进入大学后，发现现实中的大学和大学里的学习生活和理想存在很大差距，产生了心理落差感，出现了排斥学校、排斥专业的心理，导致学习动力减弱，甚至产生厌学和退学的想法。

2. 学习缺乏主动性 大学生自由支配的时间增多，自主学习的空间增大，但是一些大学生还是习惯于由老师、家长安排自己的学习任务、学习计划、学习时间等，不理解大学学习的特点和规律，学习上依赖感很强，缺乏紧迫感和自觉性，投入学习的精力不足，对本专业的知识、技能要求认识不足，不知道怎样建立专业知识结构、培养专业技能，学习带有被动性和盲目性。

3. 学习没有计划性 大学的生活丰富多彩，但是主业依然是学习。一些学生渡过了高中紧张的学习阶段，进入大学后思想松懈，一心只想放松娱乐，忽略了平时的学习。个别学生生活没有目标，缺乏远大理想，以混文凭、混日子为主导思想，号称“60 分万岁，多 1 分浪费”，浑浑噩噩过日子，很少考虑将来，更不能将自己的行为与未来的职业发展联系到一起。

4. 学习方法不当 大学的学习特点、方式和内容上，与中学有很大不同。大学课堂授课时间长，讲授的内容多，有时会与教科书有很大出入，如果不会听课，分不清主次，就会无所适从。大学的学习更强调主动性、合作性、创新性，大学生应当掌握多种适合自己的学习方法，针对不同的学习任务要运用不同的学习方法，同一项学习任务可以综合采用多种学习方法。

链 接 艾宾豪斯遗忘曲线

德国心理学家艾宾豪斯（Hermann Ebbinghaus）研究发现，遗忘在学习之后立即开始，而且遗忘的进程并不是均匀的，最初遗忘速度很快，以后逐渐缓慢。他认为“保持和遗忘是时间的函数”，并描绘出遗忘曲线。观察下面的曲线（图 3-1），你会发现，学习的知识在一周后，如果不抓紧复习，记忆就只剩下原来的 25%。

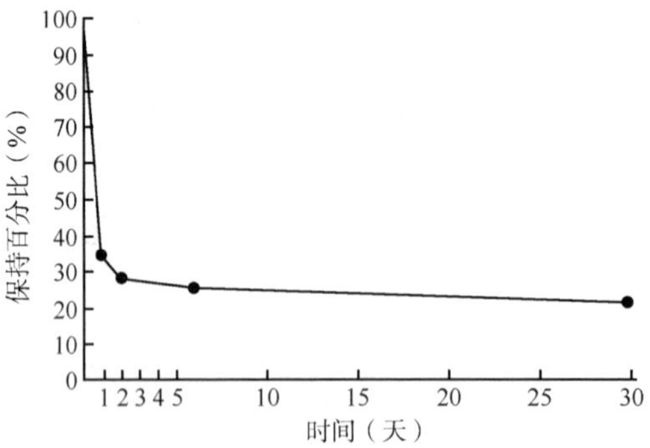

图 3-1 艾宾豪斯遗忘曲线

艾宾豪斯遗忘曲线描述了人类大脑对新事物遗忘的规律，人们可以从遗忘曲线中掌握遗忘规律并加以利用，通过及时、规律的复习，有效提升记忆能力。

5. 适应能力差 大学新生普遍需要度过一段学习适应期，很多大学生因为缺乏生活阅历，对新环境不熟悉，人际关系生疏，思乡心切，不能尽快地随着环境的变化及时进行自我调整，可能会发生情绪波动，无法安心学习，进而影响学习效果。

（二）提高学习适应力

1. 端正学习目的，树立崇高理想 没有正确的学习目的，就难以产生强大的学习动力。正确的世界观、人生观、价值观对个人的发展是非常重要的。大学生应当把国家、社会和个人的命运紧密结合起来，只有把人生理想融入国家和民族的事业中，才能最终成就一番事业。

2. 科学认识学校、专业与成才的关系 俗话说“行行出状元”，只有没出息的思想，没有没出息的专业，任何专业只要学好了、学精了，都是有用的。成功是外在环境的培养与个人内在努力共同作用的结果，仅仅强调外部条件而不强调自身努力，是一种不正确的观点。大学生应当先深入了解所学专业，了解将来面向的工作岗位及其发展前景，在做好自我探索的基础上做好职业规划。专业的冷门和热门都是有可能互相转化的，进入了热门专业，并非意味着可以找到热门工作，工作的关键还是靠技能水平的高低。对于冷门专业的学生，既可以通过勤学苦练成为稀有领域的专家，也可以扩大学习领域，涉猎其他学习内容，技多不压身，成为跨界达人。

3. 增强学有所成的信心 对于部分基础差、学习成绩已经落后的大学生，树立其信心非常重要。学校可以通过对成绩优异的学生进行奖励、对成绩落后的学生积极引导的方式，激发学生学习的积极性。引导考试成绩不理想的学生树立“在任何时间努力都不晚”“一分耕耘、一分收获”的心态，增强学生学习的自主性和积极性。

大学生要学会对自己的学习结果科学归因。伯纳德·韦纳（Bernard Weiner）的成败归因理论认为，正确的做法是将事情的成败归结为努力，这时就会发现，学习的成败是自己可控制的，这点对学生树立学习信心非常重要，学生认识到“成功将提高自信，失败则必须付出更多的努力”，使得每次学习活动，不论成败，都能增强其学习动力。

链 接 习得性无助

心理学家马丁·塞利格曼（Martin Seligman）通过实验研究发现，人会因为重复的失败或惩罚，而形成一种绝望和听任摆布的行为，称为习得性无助。

习得性无助让人们自我设限，把失败的原因归结为自身不可改变的因素，放弃继续尝试的勇气和信心，听天由命，如认为学习成绩差是因为自己“这也不行，那也不行”，开始破罐子破摔。所以要想让自己远离绝望，我们必须学会客观理性地为我们的成功和失败找到正确的归因。

4. 提高学习管理能力 大学生要学会学习，科学地管理自己的学习生活。

第一，要设定适当的学习目标。大学生应该根据自己的学习基础、学习能力、学习任务难度等因素，为自己确立适当的学习目标，既要有远大理想又不要好高骛远，并学会将长期目标分解成可实现的短期阶段性目标。

第二，要平衡学习动机。心理学研究表明，中等程度的动机更利于任务的完成，学生应该设定适合自己又稍微高一点的学习目标，学习动机水平太低和太高，都不利于学习成绩的提高。学习动力不足，不能产生学习行为；学习动机过高，反而容易引发焦虑、自卑等心理问题。

第三，要掌握有效的学习策略。工欲善其事，必先利其器，联合国教科文组织（United Nations Educational，Scientific and Cultural Organization，UNESCO）教育丛书之一《学会生存——教育世界的今天和明天》中指出：“未来的文盲，不再是不识字的人，而是没有学会怎样学习的人。”这句话启示我们，在进行学习过程中，不但要重视学习本身，而且要重视掌握学习策略和方法。

第四，要维护身心健康，养成良好的学习习惯。保障积极健康的学习心态，避免学习疲劳，是有效学习的重要前提。大学生应合理安排学习节奏，科学用脑，劳逸结合；注意保持学习的趣味性，适时转换学习内容；选择利于心境平和的学习环境；保持适当运动和营养均衡；关注自己的心理状态，遇到困惑要主动寻求帮助，还可以进行心理咨询，促进自我成长。

二、常见的学习心理障碍及应对

（一）考试焦虑

学生中常见的焦虑反应是考试焦虑，其表现是随着考试临近，心情极度紧张。考试时不能集中注意力，知觉范围变窄，思维刻板，出现慌乱，无法发挥正常水平。考试后又持久地不能松弛下来。

学生焦虑症状产生的原因有学业压力过大、家长对子女过高的期望、学生个人过分地争强好胜、学业上多次失败的体验等。某些人具有容易诱发焦虑反应的人格倾向，表现为遇事易于紧张、胆怯，对困难情境作过高估计，对身体的轻微不适过分关注，在发生挫折与失败时过分自责。

学生可以通过放松法、自我认知调节法缓解焦虑。简便的放松法包括深呼吸，可采用腹式呼吸法缓慢地吸气、呼气，将注意力集中在腹部，可以起到一定的镇静作用。自我认知调节可以运用正向的自我对话，如“我能应付这个考试”“成绩并不重要，学会才是重要的”“无论考试的结果如何，都将不会是最后一次”，对于缓解考试焦虑有较好的效果。

（二）抑郁状态

抑郁状态会对学生的学习产生影响，如失去原有的学习兴趣，消极的认知体验，动机缺失，躯体疲劳、失眠等。抑郁状态的成因复杂，因人而异，长期处于抑郁状态的学生应寻求专业医学鉴定和治疗。

学生可以通过情感支持和鼓励、认知行为疗法、运动处方、服用抗抑郁药物等心理咨询或心理治疗缓解抑郁症状，恢复正常的学习生活。通过保持每周 3～5 次、每次 0.5～1 小时中等强度的有氧运动，改善大学生的抑郁症状。

（三）睡眠障碍

学生常见的睡眠障碍包括失眠、过度思睡、夜惊、梦魇等。失眠可能由压力事件、脑力或体力劳动过度引起，也可能是伴随身心疾病而产生的。夜惊、梦魇与学生日间情绪压力有关。失眠的表现一般有入睡困难、睡眠质量下降和睡眠时间减少，长期失眠可能导致记忆力和注意力下降、白天困倦、日间嗜睡等表现，影响了学生的正常学习活动。

睡眠障碍可以采用纠正不良睡眠习惯、放松训练、刺激控制、认识疗法等心理行为治疗方法。学生应保持良好的睡眠习惯：①睡前 6 小时避免喝咖啡、浓茶或吸烟；②睡前不要饮酒，酒精可干扰睡眠；③保持规律的体育锻炼，但睡前应避免剧烈运动；④睡前不要大吃大喝或进食不易消化的食物；⑤睡前至少 1 小时内不做容易引起兴奋的脑力劳动或观看容易引起兴奋的图书和影视节目；⑥卧室环境应安静、舒适，光线及温度适宜；⑦保持规律的作息时间。

素质拓展训练

素质拓展训练 3-2 放松训练

【活动目的】

通过掌握身体放松的方法，促进心理放松，缓解学习焦虑。

【活动步骤】

1. 练习者以舒适的姿势靠在椅子上或躺在床上。
2. 闭目。

3. 将注意力集中到头部，咬紧牙关，使两边面颊感到很紧，然后再将牙关松开，咬牙的肌肉就会产生松弛感。逐次将头部各肌肉都放松下来。

4. 把注意力转移到颈部，先尽量使脖子的肌肉紧张，感到酸、痛、紧，然后把脖子的肌肉全部放松，以觉得轻松为度。

5. 将注意力集中到两手上，用力紧握，直至手发麻、酸痛时止，然后两手开始逐渐松开，放置到自己觉得舒服的位置上，并保持松软状态。

6. 把注意力指向胸部，开始深吸气，憋一两分钟，缓缓把气吐出来；再吸气，反复几次，让胸部感觉舒畅。以此类推，将注意力集中在肩部、腹部、腿部，再逐次放松。最终全身松弛处于轻松状态，保持一两分钟。

【教师总结】

按照此法学会如何使全身肌肉都放松，并记住放松程序。每日照此操作两遍，持之以恒，可以促进身心放松，睡前做一遍则有利于入眠。

第 3 节 有效的学习策略与时间管理

案例 3-3

发明家爱迪生 11 岁时就开始卖报谋生，空余时间便去图书馆自学。最开始他每日按次序读很多书，下决心读完整个图书馆里的藏书。一位绅士得知后善意指出："你要读完这图书馆里所有的书，精神可嘉！不过，像你这样去读书，收益不会很大。一般说来，读书最好要有一定的目的，再根据这个目的去选择图书。"经过这位绅士的指点，爱迪生分析了自己的爱好与特长，将目标集中于电学图书，这不仅让他读书更有效率，也为他的发明创造打下了坚实的阅读基础。

问题： 1. 你常用的学习方法和策略效果如何？

2. 身处信息爆炸的现代社会，如何提高学习效率？

一、有效的学习策略

学习策略是指学习者为了提高学习的效果和效率，有目的、有意识地制订的有关学习过程的复杂的方案。这一定义明确界定了学习策略的四个方面的特征：第一，学习策略是学习者为了完成学习目标而积极主动地使用的；第二，学习策略是有效学习所需的；第三，学习策略是有关学习过程的；第四，学习策略是学习者制订的学习计划，由规则和技能构成。

不同的学习阶段需要掌握不同的学习策略，下面主要介绍两种大学阶段适用的学习策略：自主学习策略和创新学习策略。

（一）自主学习策略

大学生运用自主学习策略，主要是指大学生作为学习主体，积极主动地运用各种方法，达到自定的学习目标。孔子在《论语》中讲的"知之者不如好之者，好之者不如乐之者"，论述了学习的最好状态就是主动学习。

一般来说，大学生自主学习可以综合运用认知策略、元认知策略和资源管理策略。认知策略是自主学习的一些方法和技术的集合，有助于有效地掌握学习内容。元认知策略是学生对自己学习过程的了解和控制策略，有助于学生有效地安排和调节学习过程。资源管理策略是辅助学生管理可用环境和资源的策略，有助于学生适应环境并调节环境以适应自己的需要。

1. 认知策略

（1）复述：在学习新内容时，复述是一种主要的记忆手段，许多新信息，如人名、地名或外语单词等，只有经过多次复述后，才能在短时间内被记住。个体在完成某些简单的学习任务时，特别是在还没有理解学习材料彼此之间的逻辑联系时，往往采用复述来学习。

（2）解释：解释是在知识的学习过程中，学习者在对材料理解的基础上，对所学的材料加以解释的一种认知过程。一般来说，经过解释的学习优于单纯的复述学习。

（3）精细加工：精细加工是指学习者将所学的新旧知识联系起来，从而加深对新学习内容的记忆和理解的一种学习策略，和复述策略结合使用，可以显著提高记忆效果。

（4）组织：组织策略是指学习者按照学习内容的特征和类别进行整理、归类和编辑，常见的提纲、目录等就是组织策略的应用。组织策略和精细加工策略是密不可分的，如做笔记和写提要等实际上是两者的结合。

2. 元认知策略 自主学习的本质在于学习者自设目标，自我实现，学生中树立目标却不能坚持执行的情况比较常见，即常说的三分钟热度和半途而废。这样的情况经常发生时，可能会造成学习者自信心受挫，甚至放弃学习。由此可见，自主学习过程中的自我监督和自我调控尤为重要，这就要运用到元认知策略。

（1）元认知计划：元认知计划是根据学习活动的特定目标，在一项学习活动之前先做好计划，预计结果、选择策略，想出各种解决问题的方法，并预估其有效性。自主学习中的元认知计划包括设置学习目标、浏览阅读相关材料、发现问题及分析如何解决问题。制订学习计划是有步骤地提高学习成绩和学习效果的前提。学生在学习一门课程、阅读一本书前都应当有一个计划，制订明确的学习目标和步骤，并对自己的学习结果进行预测，做一个积极的学习者。

（2）元认知监控：学生常用的元认知监控策略包括阅读时对注意力加以跟踪、对学习内容进行自我提问、考试时监控自己的速度和时间。这些策略使学习者得以发现自己在注意力和理解方面可能出现的问题，以便找出来并加以修改。当你为了应考而学习时，你会向自己提出问题，并且会意识到某些章节你并不懂，你现有的学习方法对这些章节行不通，这时就需要去尝试其他的学习方法。

（3）元认知调节：学习者通过元认知监控发现认知策略存在问题，就需要运用元认知调节及时修正、调整认知策略。例如，当学习者意识到他不理解学习内容的某一部分时，就会退回去读困难的段落、在阅读困难或不熟的材料时放慢速度、在困难的课程上花费更多的时间，考试时跳过某个难题先做简单的题目等。

元认知策略的这三个方面是联动作用的。学习者一般先认识自己的当前任务，然后根据自身经验来评价自己的理解程度，预计学习时间，并选择有效的方法来学习或解决问题，然后，监视自己的进展情况，并根据监视的结果采取补救措施。学生掌握元认知策略能显著地提高学习成绩。

3. 外部资源管理策略

（1）学习环境管理：首先，要注意学习空间环境的调节，大学生可以选择在教室、图书馆、自习室等安静的、条件适宜的场所学习，不要将吃学睡玩都放在宿舍里。其次，班级学风、校园文化等集体氛围也会对学生学习产生重要影响，如班集体的学习氛围浓厚，可以带动个别不爱学习的学生一起学习。

（2）学习工具管理：要善于利用参考资料、工具书、图书馆、多媒体与网络等学习工具及平台，以适应现代化学习，提升自主学习能力。

（3）人际资源管理：要主动寻求老师的帮助，以及通过同学间的合作与讨论来加深对学习内容的理解，三人行必有我师焉。

（4）学习时间管理：时间管理贯穿于各种学习策略之中，是学习策略发挥效果必不可少的环节，有效的时间管理不是做完我们头脑里想到的所有事情，而是通过科学规划，在有限的时间里优先达成最重要的学习目标。

链 接 中华传统文化中的学习心理学

合作学习：《礼记·学记》提出“独学而无友，则孤陋而寡闻”。意思就是，如果一个人独自学习没有朋友，不能相互切磋观摩，就会孤陋寡闻，学业难进。

终身学习：《论语·子张》提出：“学而优则仕，仕而优则学”。意思就是，学习有了成果，就去工作实践，工作了一阵，再通过学习充电，这是学习与实践的循环促进、终身学习的理念。

实践学习：《劝学》提出：“故不登高山，不知天之高；不临深溪，不知地之厚也。”意思就是，学习离不开实践，身临其境、身体力行可以促进对理论的理解。

（二）创新学习策略

“苟日新，日日新，又日新。”大学生要将创新和学习结合在一起，在创新中学习，在学习中创新。创新学习是对发现学习和创新思维的综合运用，相对于接受固有知识的维持学习，创新学习更强调问题解决，更适用于急剧变化的现代社会。对于学生来说，创新既是学习的方法，也是学习的结果。培养创新个性和创新思维是创新学习的基础。

1. 培养创新个性 进行创新学习，首先可以有意识地培养创新个性。

（1）具有幽默感：即使面对困难或严肃的问题情境时，也表现出较多的幽默。

（2）有抱负和强烈的动机：对工作有热忱、有决心，即使遇到困难或面对单调乏味的工作情境，也能坚持并自得其乐。

（3）能够容忍模糊与错误：承认矛盾，对无结构的问题或错综复杂的问题、违反“常识”的假设和观念都能够坦然接受，反对以武断、虚假、简化等草率的方式处理复杂或矛盾的问题。具有较高的挫折忍受力，愿意付出无报酬的代价去从事无法预期的工作。

（4）喜欢幻想：在日常生活中比一般人有更多的梦想，但能够自由地往返于现实与幻想之间。

（5）具有强烈的好奇心：不断地提出问题，有浓厚的认识兴趣，喜欢猎奇，喜欢尝试用新奇的方法去探究问题，不怕失败。

（6）具有独立性：不迷信权威，不随大流，不落俗套。勇于表现自我，很少考虑自己在他人心目中的印象。

2. 进行思维训练 进行发散性思维训练有助于提高创新性。发散思维能提出大量解决问题的方法，有大量想法可供选择，能让学习者思路活跃、敏捷并保持活力。训练发散思维的方法有多种，如用途扩散、结构扩散、方法扩散与形态扩散等。

（1）用途扩散：即以某件物品的用途为扩散点，尽可能多地设想它的种种用途。如尽可能多地说出回形针的用途，答案可以是：把报纸、文件别在一起；当发夹用；拉开一端，能在泥地上或蜡版上画图、写字等。

（2）结构扩散：即以某种事物的结构为扩散点，设想出利用该结构的各种可能性。如尽可能多地画出包含◇结构的东西，并写出或说出它们的名称。

（3）方法扩散：即人们以解决或制造物品的某种方法为扩散点，设想出该种方法的各种可能性。如尽可能多地写出或说出用“吹”的方法可以办成哪些事情或解决哪些问题，答案可以是吹气球、吹折纸玩具、吹口哨、吹笛子等。

（4）形态扩散：即以事物的形态（如形状、颜色、味道、气味、明暗）等为扩散点，设想出利用某种形态的各种可能性。如尽可能设想利用红色可以做什么，办什么事。答案可以是红色的交通信号灯、红旗、红围巾、红十字标志、红色印泥、救火车的红色车身等。

二、时间管理

时间管理是对时间的利用和统筹使用，经典的时间管理以效率为主旨，将有限的时间加以分配，争取最高效率。人的学习能力和时间分配具有高度的相关性，大家可能会观察到这样一些现象，有些学生平时学习并不是很刻苦，甚至很爱玩，但是学习成绩却能名列前茅；另一些学生则相反，经常挑灯夜读，但是成绩却并不理想，究其原因往往在于学习效率不同，其根源在于学习者是否能做好时间管理。

（一）增强时间管理意识

时间无法失而复得，大学生应当只争朝夕，不负韶华。时间贯穿于人的一生，做好时间管理也就是做好了人生管理。

链接 时间管理倾向

我国学者黄希庭等提出了时间管理倾向的概念，认为时间管理倾向是一种人格特征，是个体在运用时间方式上所表现出来的心理和行为特征，由时间价值感、时间监控观和时间效能感构成。

研究认为时间管理技能可以通过训练得到提高，善于管理时间者的生活质量是高的。

实行时间管理可以先从以下几个方面做起：

1. 统筹安排学习时间 根据学习目标，制订翔实可行的学习计划，注意将学习计划落实在学习行动上。在执行学习计划时，要防止拖拉作风。

2. 高效利用最佳时间 在不同的时间里，人的体力、情绪和智力状态是不一样的，也就是说，学习时间的质可能是不一样的。首先，要根据自己的生物钟安排学习活动。其次，要根据一周内学习效率的变化安排学习活动。

3. 灵活利用零星时间 首先，可以利用零星时间处理学习上的杂事。其次，用零星的时间读短篇、背单词等，可以聚少成多，最终汇成了宝贵的时间段。

4. 合理安排作息时间 保持合理的作息时间，不熬夜，经常锻炼身体，保持身心的良好状态。

（二）掌握时间管理方法

时间管理方法在管理领域发展得很快。最初是建立备忘录，之后是强调事先计划和准备，现代时间管理主要是对任务的理解和排列优先顺序。下面介绍两种具体的时间管理方法。

1. 时间“四象限”法 著名管理学家科维（Stephen R. Covey）提出了一个时间管理的理论，把工作按照重要和紧急两个不同的程度进行了划分，基本上可以分为四个“象限”：重要且紧急（如即将来临的期末考试等）、重要但不紧急（如制订学习规划等）、不紧急也不重要（如客套的闲谈、网剧等）、紧急但不重要（如电话铃声等）（图 3-2）。

该理论的核心是把主要的精力和时间集中地放在处理那些重要但不紧急的工作上，这样可以做到未雨绸缪，防患于未然。在人们的日常工作中，很多时候往往有机会去很好地计划和完成一件事。但常常却又没有及时地去做，随着时间的推移，造成工作质量的下降。因此，应把主要的精力放在重要但不紧急的事务上。

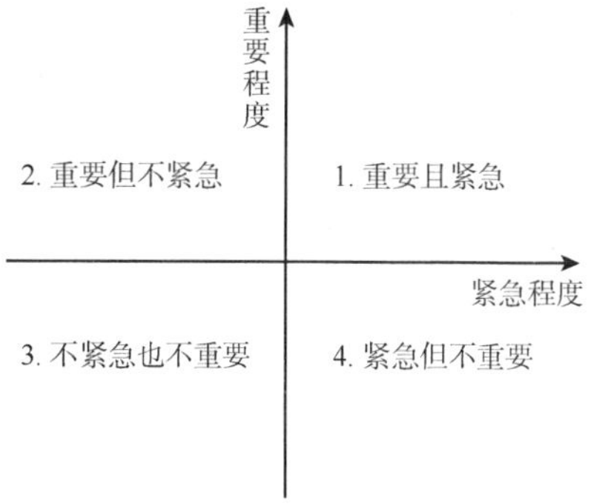

图3-2　时间管理“四象限”

2. 分段时间管理法　也称为莫法特休息法，是根据翻译工作者莫法特的工作方法总结而来的。莫法特的书房里有3张桌子：第一张摆着他正在翻译的书稿；第二张摆的是他的一篇论文的原稿；第三张摆的是他正在写的一篇侦探小说。莫法特的休息方法就是从一张书桌搬到另一张书桌，继续工作。

分段时间管理法的原理是根据人脑两半球的功能不同，把工作时间按照不同的工作性质分为不同时间段，如将大脑的左半球负责的逻辑思维活动划分为时间A段，大脑右半球负责的形象思维活动划分为时间B段。通过把一天必须完成的工作分成这样两类，交替进行，就可以使左右大脑轮流获得休息，减轻紧张的感觉，祛除疲劳，也能使工作更加专注，提高工作效率。

在日常学习生活中，当我们集中精力学习感到疲劳时，可以放下手头的学习任务，到户外打打球，跑跑步。经常进行户外有氧运动，不仅可以增强我们的体质，而且对提高工作效率也大有好处。在期末考试期间，很多同学废寝忘食地进行学习，但长时间进行单一类型的学习容易疲劳分神，我们可以将不同科目的学习交互进行，将运动休闲与知识学习交互进行，通过转换学习内容保持大脑新鲜感，使大脑的兴奋中心不停地转移，从而避免某一区域长时间兴奋而过于疲劳，导致大脑认识问题、分析和处理问题迟钝，以达到提高学习效率的目的。

素质拓展训练

素质拓展训练3-3　一张纸的人生

【活动目的】

通过简单的图表，直观体验时间的宝贵。

【活动步骤】

按照现代人平均年龄进行计算，假定一个人活到75岁。按照一年12个月计算，一生正好900个月。如果画一个30cm×30cm的表格，一张大一点的纸就足够了。每过一个月，涂掉一个格子，每经历一件事情也用颜色在表格里体现，直观感受一下时间，如20岁还有多少空格，在学校读书经历了多少空格。

【教师总结】

人生可以这样被量化成一张纸，量化成900个方格。被量化的人生，竟如此短暂，试着画一张你的人生纸吧，看看你还剩下多少个空白格，有什么想做却还没做的事情，趁一切还来得及，抓住机会让它出现在你人生的格子里。人生如此短暂，我们禁不住思考，如何才能让自己的人生更有意义。

素质拓展训练 3-4 时间管理练习

【活动目的】

记录自己的时间，认清时间耗在什么地方；管理自己的时间，学会合理安排时间。

【活动步骤】

1. 假如这个圆表示一周的时间，请各位画出“时间分配饼形图”。

2. 画完后分组交流，重点讨论一下如何更科学地分配时间？有什么事项需要增加或减少时间分配？你怎样进行管理，如何合理分配？

【教师总结】

我们常根据自己的习惯或直觉做事，有时会在一些事情上花费不必要的时间，甚至挤占了重要事情的时间。做好时间管理，可以在有限的时间里完成更多想做的事情。

本章小结

本章介绍了学习的定义、有效学习理念、学习的类型和影响学习的心理因素；讲解了大学生常见的学习困扰及应对措施，介绍了自主学习策略和创新学习策略，列举了时间“四象限”法、莫法特休息法两种时间管理方法。

收获与成长

通过本章的学习，我收获了______________________________

____

____

____

____

自测题

1. 你所学的专业涉及哪些学习类型？
2. 你有过什么学习困惑，打算如何解决？
3. 请在实际学习生活中，尝试运用一种时间管理法。

（庞亚男）

第4章

大学生情绪认知与情绪管理

大学生的年龄处于未成年人与成年人的转变阶段。情绪时常会出现大起大落，有时欣喜若狂，有时悲痛欲绝。积极情绪往往给人带来正性体验，而消极情绪则会带来不适体验。日常生活中，人的情绪体验存在明显的个体差异，其原因除了同一件事对不同的人而言具有不同意义之外，也在于不同的人对情绪的管理与调节能力存在巨大差异。学会管理自己的情绪，驾驭情绪，做情绪的主人，这不仅可以维护身心健康，而且还会促进自我发展和人格成熟。

第1节　情绪与情绪健康

案例　4-1

美国加利福尼亚大学的诺曼·卡滋斯40岁患上了胶原病，医生说这种病康复的可能性只有1/500。他按照医生的吩咐，经常看滑稽有趣的文娱体育节目，有的节目使他捧腹大笑，有的节目使他从心底感到喜悦。他除了看有趣的节目外，平时还有意识地和家人开开玩笑。一年后他的各项指标开始好转，两年以后，他的胶原病竟然痊愈了。

问题：1. 这个案例说明什么？

2. 你的积极情绪给你带来了什么影响？

一、情绪概述

情绪是人对内外信息的态度体验，伴随着复杂的躯体和心理反应模式，包括主观体验、生理唤醒和外显表情三种成分。

（一）情绪的主观体验

情绪的主观体验是人在接触到某种事物或对象时产生的内心感受。当客观事物能满足人的需求时，人就会产生积极情绪，如高兴、喜悦；反之，则会产生消极情绪，如愤怒、悲痛等。

（二）情绪的生理唤醒

情绪的生理唤醒是指在情绪活动过程中伴随着被唤醒的生理反应或变化。当我们产生某种情绪体验时，身体内部也会发生相应的变化。例如，当出现恐惧情绪时，受自主神经系统调控的内脏器官也发生一系列变化，如心率加快、血压升高、汗腺分泌加速等。

（三）情绪的外显表情

情绪的外显表情是指在产生某种情绪体验时所伴随的身体各个部位动作、姿势的变化，主要包括面部表情、言语表情和体态表情。例如，当我们快乐时便会双眉舒展，眉开眼笑；当我们愤怒时可能会满脸通红，紧握双手。喜悦时音调稍高，语速较快；悲哀时音调低沉，言语缓慢。

二、情绪状态的分类

情绪状态是指在事件或情境的影响下，人在一定时间内持续保持的某种情绪。典型的情绪状态包括心境、激情和应激。

（一）心境

心境是指比较微弱而又持久地影响人整个精神活动的情绪状态。心境具有弥散性的特点，在心境中表现出来的态度体验会朝向周围的一切事物。引起心境改变的原因客观方面有社会生活条件的变化、时令季节的气候变化等。主观方面如学习工作是否顺利、人际关系是否和谐、健康状况是否良好等都可以引起心境改变。心境有积极和消极之分。良好的心境使人精神振奋，有助于积极性的发挥和工作效率的提高；不良心境则会使人颓废、消沉，不利于学习和工作的顺利进行。

（二）激情

激情是一种强烈的、短暂的、有爆发性的情绪状态，如狂喜、愤怒、惊恐、绝望等都属于这种情绪状态。人处在激情状态中，理解力与自制力会降低，有时会失去自我控制能力。激情时人们总是有强烈的情绪体验，同时伴随着机体状态的改变和明显的表情动作。积极的激情状态能激励人们克服各种困难，消极的激情状态则对人的活动具有抑制作用，使人自制力下降。例如，暴怒时常引起冲动行为，伤人毁物，一旦时过境迁，情绪平稳后则后悔莫及。

（三）应激

应激是人在面对出乎意料的危难或紧迫情况下，意识到自己无力应对时所体验到的高度紧张的情绪状态。应激状态下，人会产生一系列生物性反应，如肌肉紧张、血压升高、心率加快。某一事件是否引起应激及引起应激的程度，不仅受应激源的性质和强度的影响，更取决于人当时的心理状态、遗传因素、后天学习训练等。人若长期处于应激状态，会导致抵抗力下降，对健康不利。

三、情绪健康

健康的情绪是心理健康的必要条件之一。一般而言，一个人的情绪目的性恰当，反应适度，有良好的情绪自我控制能力，符合社会要求，就具备了健康情绪。

美国哈佛大学心理学教授丹尼尔·戈尔曼（Daniel Goleman）认为一个情绪健康的人应该具有以下几种能力。

（一）自我觉察能力

能够觉察、认识并承认自己出现了某种情绪，即使有情绪上的麻烦，也不推脱。自我觉察是情绪智商的核心，没有能力认识自身的真实情绪就只能任凭情绪的摆布，对自我情绪有很好的把控才能更好地指导自己的人生，准确地进行决策。

（二）调控情绪的能力

当意识到自己感到不安、恐惧和焦虑时，能调控这些情绪，通过自我安慰和运动放松等途径，使情绪适时、适度、适地表达。驾驭情绪能力高的人可以从人生挫折和失败中迅速跳出，迎头赶上。

（三）自我激励能力

自我激励能力强，就能将情绪专注于某一个目标。任何方面的成功都必须具有情绪的自我激励——延迟满足，控制冲动，统揽全局。能够自我激励，保持高度热情地投入，才能保证取得杰出成就。

（四）认知他人的能力

认知他人是在情绪的自我觉知的基础上发展起来的另一种能力。可以通过这种能力凭借细微的信息敏锐地感受到他人的需要和欲望，能设身处地去理解他人，也能客观分析他人的情感。

（五）人际关系管理的能力

人际关系管理的能力即领导和影响他人的能力，也是管理他人情绪的艺术。个体受欢迎的程度、领导权威、人际互动效应都与这项能力有关。掌握该项能力的人通常是社会上的佼佼者。

素质拓展训练

素质拓展训练 4-1　表情观察训练

【活动目的】

提高学生对表情的观察和认识能力。

【活动步骤】

1. 让学生忽略听到的信息，仔细观察周围人的表情和行为。例如，现在离你不远的地方，你的同学悄悄地打开了一张纸条，然后眉头紧锁。关注他的面部表情是怎样的，伴随着怎样的动作。你能从他的外部表情猜测他的感觉吗？

2. 让学生将其认为观察对象所处的情绪写出来。写得越具体、越丰富越好。

3. 观察、填写结束后，组织学生讨论，看是否所发现的情绪与被观察者的情绪一致。并谈谈通过这个活动得到的体会是什么。

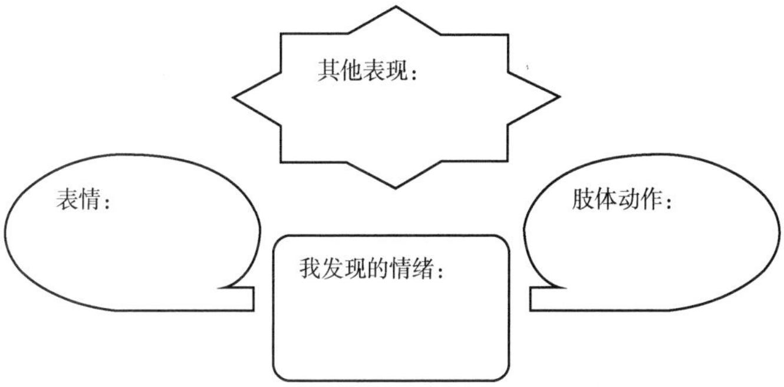

【教师总结】

不同的情绪会出现不同的表情和行为，我们可以不断通过对他人表情和行为的观察训练，来提升自己认识他人情绪的能力。

素质拓展训练 4-2　情绪稳定性测验

指导语：这是一份有关情绪稳定的诊断量表，请你对照自己的实际情况作出“是”或“否”的回答，然后对照后面对测验结果作出的解释检查自己的情绪是否稳定。

1. 尽管发生了不快，仍能毫不在乎地思考别的事情。（　　）
2. 不计较小嫌隙，经常保持坦率、诚恳的态度。（　　）
3. 习惯于把担心的事情写在纸上并进行整理。（　　）
4. 在做事情时，往往具体规定出有可能实现的目标。（　　）
5. 失败时仔细思考，反省其原因，但不会愁眉不展，整天闷闷不乐。（　　）
6. 具有悠闲自娱的爱好。（　　）
7. 常常倾听众人的意见。（　　）

8. 做事有计划地积极进行，遇挫折也不气馁。(　　)

9. 无路可走时，能够改变生活方式和节奏，以适应生活。(　　)

10. 在学业上，尽管他人比自己强，但仍保有“我走我的路”的信条。(　　)

11. 对自己的进步，哪怕只是一点点，都会有高兴的表示。(　　)

12. 乐于一点一滴地积聚有益的东西。(　　)

13. 很少感情用事。(　　)

14. 尽管想做某一件事，但自己估量不可能时也会打消念头。(　　)

15. 往往理智、周密地思考和判断，不拘泥于细枝末节。(　　)

结果解释：

每题选择“是”记 1 分，“否”不记分。然后将各题得分相加，算出总分。

你的总分是：

0～6 分，你的情绪不是很稳定，经常患得患失，又不能很好地生活。常常拘泥于一些小事情，无论做什么事都过分认真，总是忙忙碌碌，耗费心机。难于作出重大的决策，一丝不苟反而使自己感觉迟钝。

7～9 分，情绪稳定性一般。

10～15 分，你的情绪很稳定，遇到事情能够冷静思考，从容判断，不拘泥于细微小节。能积极大胆地处理一些事情。在各种困难面前毫不动摇。

第 2 节　大学生情绪特点及困惑

案例 4-2

这是一位大学生的来信：进入大学学习第二学期，觉得自己情绪很不稳定，有时觉得压力很大，有时又觉得无所事事。最近进入期末复习阶段，看到大家都在认真复习，但是自己就是读不进去，觉得很难受，甚至开始讨厌周围努力的同学。我也和以前的同学说过现在的情况，他们劝我不要和别人比，在自己的基础上提高自己，尽最大的努力。可是我还是控制不了自己的情绪，觉得干什么事情都没精神。我把精力放在与学习无关紧要的事情上，导致生活、饮食、学习都不规律，自己觉得生活、学习一团糟，觉得对不起很多人，如父母、同学、师长包括自己，但不知道该如何做。

问题： 1. 联系自身谈谈大学生情绪有哪些特点？

2. 情绪对大学生的学习生活有哪些影响？

一、大学生的情绪特点

大学生处于青年前期，这是青年人心理成熟的重要时期，也是情绪丰富多变、相对不稳定的时期。除了个体差异之外，这一阶段的生理和心理发展特点使得他们的情绪表现出某些与年龄相关的特征。

（一）冲动性与文饰性

大学生对自己的情绪能有所控制，但由于他们兴趣广泛，对外界事物较为敏感，加之年轻气盛和从众心理，因而情绪容易被激发，带有很大的冲动性。他们对于符合自己信念、观点和理想的事件和行为会迅速产生强烈的肯定情绪，反之则会出现否定情绪。面对相同的刺激，低年级大学生往往有更强烈的情绪体验。升到高年级以后，他们的情绪越来越多地表现出文饰化特点，即内在的情绪体验与外部表现不完全一致。随着年龄的增加，很多大学生会把自己内心的想法放在心里，不轻易流露出来。但如果出现强烈刺激，情绪会出现突然爆发，以至于语言、神态及动作等方面失去理智控制，极易产生破坏性的行为和后果。

（二）持续性与心境化

与中学生相比，大学生的情绪持续时间明显延长。中学时代青少年的情绪往往受制于外界情境，随外界情境变化而变化，情绪反应来得快也消失得快。大学生情绪的爆发频率降低，但每次持续的时间逐渐延长，有些情绪会转化为某种长期的心境。心境作为一种相对持久稳定的情绪状态，常常泛化到个人生活的方方面面。例如，因为考试成绩不佳未能达成评优评先的愿望，从而在很长一段时间内心情不好，干什么事都提不起精神。大学生的许多不良情绪如抑郁、焦虑、自卑等都有这种心境化的特点。

（三）复杂性与社会性

大学生情绪趋向复杂化。一方面情绪体验的范围扩大，多样性增加，区分情绪间细微差异的能力增强；另一方面，大学生开始体验大量的社会情绪。社会情绪依赖于特定的文化情境，是人类特有的情绪。较为典型的社会情绪包括自我意识情绪、自我预期情绪和依恋性社会情绪。自我意识情绪是指个体在社会环境中，关注他人对自身或其行为的评价所产生的情绪，如自豪、内疚、害羞、尴尬等；自我预期情绪是个体在面临机会选择或竞争情境时，个体对选择不同行为的后果做出的预期，并根据自身期望和价值取向调节预期过程中所产生的情绪，如后悔、庆幸、嫉妒等；依恋性社会情绪更多涉及人与人之间的情感联结，包括母爱、情爱、嫉妒等。伴随着大学生社会意识的觉醒，社会情绪逐渐成为其情绪结构的主导成分。

（四）波动性与两极性

大学生刚刚进入青年前期，尤其是新生，情绪还不稳定，波动性比较大。情绪波动幅度大与大学生的生理和心理发展特点有关。大学生生理和心理发展很不平衡，他们在生理上经历剧变的同时，心理发展往往相对滞后。由于其心理发展尚未完全成熟，自我调节能力差，因此情绪波动幅度大，情绪两极性特征明显，容易从一个极端走向另一个极端。另外，大学生刚刚接触社会，存在不适应期，对某些社会刺激比较敏感，这也是导致大学生产生情绪波动与两极变化的诱因。

二、情绪对大学生发展的影响

大学生的情感丰富且极易波动，由于受到生理、心理和社会各方面的影响，大学生的情绪变化较为明显。这种频繁波动的情绪对大学生的健康、学习、人际交往、行为目标等产生了较大影响。

（一）情绪对大学生健康的影响

情绪对大学生的身心健康具有直接影响。如果能保持积极的心境，则人体免疫功能活跃旺盛，可减少患病的机会。良好的情绪不仅能使大学生对生活充满希望，促进其全方位发展，也能够降低个体的心理易感性，从而更好地应对负性或压力事件。我国学者王振宏等（2011）对 877 名大学生研究发现积极情绪能够通过建设个人资源而促进个体的心理健康水平。

消极的情绪会对身心健康产生危害。在压抑、紧张、焦虑、恐惧等消极情绪的长期作用下，个体的免疫能力会下降，容易患各种传染性疾病，内脏功能也会受到损害。突然而强烈的紧张情绪会抑制大脑的活动，使人意识范围狭窄、判断力减弱、失去理智和自知力。大学生中常见的消化性溃疡、紧张性头痛、神经性皮炎等都与消极情绪有关。

（二）情绪对大学生学习的影响

情绪对大学生的学习、工作也会产生直接影响。在学习过程中，大学生会产生与学业相关的各种情绪体验，即学业情绪，包括高兴、失望、焦虑、愤怒等。大学生由于“理想自我”与“现实自我”的冲突、社会偏见等容易产生迷茫、颓废和苦闷等消极情绪。这些消极情绪会导致其否定自己，出现自暴自弃、厌学、中途辍学等情况。随着年级增长，当其完全适应大学的环境，从各方面获取的信息扩大，课外生活丰富后，则会出现平静、放松、快乐满足的情绪，而这些情绪能促进大学生健康地学习生活。

（三）情绪对大学生人际关系的影响

良好的情绪能缩短人与人的心理距离，是在人际交往中产生吸引力的重要条件，并且良好的情绪能增加个体的人际资源，如友谊、社会支持网络等。与此相对应的是，自卑、压抑、爱发怒的人往往不能与他人正常相处，难沟通、易疏远。积极情绪多于消极情绪的人在人际交往中更受欢迎，更容易受到他人的赞赏。因此，大学生学会调控自己的情绪，能更有利于良好人际关系的建立。

（四）情绪对大学生行为目标的影响

积极的情绪体验对大学生的目标的达成具有促进作用。美国心理学家西摩·爱泼斯坦（Seymour Epstein）在《人类情绪的生态学研究》中指出：当体验到的是积极情绪时，大学生的行为目标也往往是积极的，对新体验的接受和开放，对周围人的尊重和理解、对价值和长远目标的献身精神都明显增强。因此，在大学生活中要尽可能地保持自己稳定而且良好的情绪状态，以便达成自己的奋斗目标。

三、大学生常见的情绪困惑

大学生处在一个富有激情的阶段，在生活节奏加快，学业、交友等压力增大的背景下，自我认知偏差、依赖性与自主性的矛盾、期望与现实的反差、恋爱与性发育引起的情绪波动、人际交往受挫、负性事件等主观因素都会导致大学生出现各种情绪困惑。

（一）焦虑

焦虑是一种大学生常见的情绪反应，是个体对当前或预感到的挫折产生的一种紧张、不安而兼有恐惧的情绪状态。适度焦虑能使大学生维持一定的紧张状态，但过度焦虑往往会因为过度紧张而分散其注意力从而导致学习和工作效率降低。焦虑不只停留于内心活动，还常伴随坐立不安、失眠、食欲缺乏等外显表现。

大学生如果长期陷入焦虑情绪不能自拔，内心便常常被不安、恐惧、烦恼等负面体验所困扰。焦虑的个体通常有更深层的无法摆脱、不愿正视的心理问题，焦虑只是矛盾、冲突的外显，其实内心有更深层次的困扰。大学生常见的焦虑有学习焦虑、情感焦虑与自我形象焦虑。与学习有关的焦虑如考试焦虑等在学生情绪中反应最为强烈；情感焦虑多数由于恋爱受挫而引发的自我否定，认为自己不具备爱与被爱的能力，因而过度担心引起焦虑；自我形象焦虑是因为担心自己外貌形态不够好，没有吸引力或者因为粉刺、雀斑、瘢痕影响自我形象而引起焦虑。

（二）愤怒

愤怒是人的主观愿望不能被实现，或者是客观事物与主观愿望相违背时，个体所产生的一种强烈的情绪反应。大学生往往热情高涨、激情澎湃，有时情绪激发起来难以控制，甚至干出一些后悔不迭的蠢事或造成不可挽回的损失。如有的同学因为一句刺耳的话而暴跳如雷；有的因人际协调受阻而怒不可遏、恶语伤人；有的因别人的观点和意见与自己不同而恼羞成怒。这种情绪会对大学生造成比较负面的影响。

（三）抑郁

抑郁情绪是一种感到自己无力应付外界压力而产生的压抑和忧愁的情绪，常常伴有厌恶、痛苦、羞愧和自卑等情绪体验。抑郁情绪是一种很常见的情绪，当人们遇到精神压力、生活挫折、痛苦境遇、生老病死、天灾人祸等情况时，人人都可能产生情绪低落、无心饮食、烦躁等忧郁情绪。抑郁情绪一般事出有因，持续时间较短，一般不超过两周，不会严重影响个体的工作、生活、学习，社会适应也没有受到影响。一般来说，抑郁情绪多发生在性格内向、孤僻、敏感多疑、依赖性强、不爱交际，生活遭遇挫折、长期努力得不到收获的大学生身上。那些不喜欢所学专业，或因人际关系处理不当、有失恋等问题的大学生也有可能产生抑郁情绪。

如果出现的危机比较大，对个体意义重大、刺激强烈，个体有可能会产生抑郁症。抑郁症比抑郁情绪要严重。抑郁症持续时间较长，往往超过一个月，并且影响患者的工作、学习和生活，无法适应社会，影响其社会功能的发挥，甚至产生严重的消极、自杀言行。

大学生主要出现的是抑郁情绪，因此不要随便给自己贴上“抑郁症”的标签。但如果觉得自己消极、烦躁、有自杀倾向、严重失眠、自己无法调控时，请及时寻求专业心理咨询师的帮助。

（四）嫉妒

嫉妒是指他人在某些方面胜过自己引起的不快甚至是痛苦的情绪体验。嫉妒是自尊心的一种异常表现，在大学生中普遍存在。具体表现为当看到他人学习能力、品行荣誉甚至是穿着打扮超过自己时内心产生的不平、痛苦、愤怒等感觉；当别人身陷不幸或处于困境时则幸灾乐祸，甚至落井下石。在人后恶语中伤、诽谤。嫉妒是一种情绪障碍，它扭曲人的心灵，妨碍人与人的交往。

（五）冷漠

冷漠是指人缺乏对外界刺激相应的情感反应，对生活中的悲欢离合都无动于衷，是一种情绪反应强度不足的表现。具体表现为凡事漠不关心、冷淡、退让的消极情绪体验。处于冷漠情绪的大学生，在行为上常表现为对生活没有热情和兴趣；对学习提不起兴趣；对周围同学态度冷淡，甚至对他人的冷暖无动于衷；对集体活动漠不关心、麻木不仁。这种冷漠的情绪状态，多是压抑内心情绪的一种消极逃避反应。具有这种情绪的人虽然从表面上看表现为平静、冷漠，但内心却往往有强烈的痛苦、孤寂和压抑感。冷漠会带来责任感的下降、生活意义的缺失与自我价值的放弃，可以说是有百害而无一利的消极情绪体验。如果大学生长期处于这种情绪状态下，巨大的心理能量无法释放，超过一定限度时，就会爆发出来，致使心理平衡遭到破坏，影响身心健康。

素质拓展训练

素质拓展训练 4-3　探寻自己的情绪状态

【活动目的】

认识自己的情绪状态。

【活动步骤】

1. 完成下面的句子，是哪件事引起你产生生气、难过、焦虑、丢脸、无助的感觉?

(1)令我感到生气的一件事：________________

(2)令我感到难过的一件事：________________

(3)令我感到焦虑的一件事：________________

(4)令我感到丢脸的一件事：________________

(5)令我感到无助的一件事：________________

2. 填完后思考，你在填写时有何感受?你认为自己的情绪知觉能力如何?负面情绪出现时你是置之不理还是平和接纳?

3. 和周围的同学讨论分享，看看别人的情绪经历对你有何启示。

【教师总结】

每个人都可以通过反思来进一步认识和了解自己的情绪。

素质拓展训练 4-4 焦虑自评量表(SAS)(Zung 编制，吴文源修订)

指导语：下面有 20 条文字，请仔细阅读每一条，把意思弄明白。然后根据最近一周的实际情况在适当地方画一个(√)，每一条文字后的四个选项，分别为没有或很少时间、小部分时间、相当多时间、绝大部分或全部时间。

题目	没有或很少时间	小部分时间	相当多时间	绝大部分或全部时间
1. 我觉得比平常容易紧张和着急。	( )	( )	( )	( )
2. 我无缘无故地感到害怕。	( )	( )	( )	( )
3. 我容易心里烦乱或觉得惊恐。	( )	( )	( )	( )
4. 我觉得我可能将要发疯。	( )	( )	( )	( )
5. 我觉得一切都好，也不会发生不幸。	( )	( )	( )	( )
6. 我手脚发抖打寒战。	( )	( )	( )	( )
7. 我因为头痛、头颈痛和背痛而苦恼。	( )	( )	( )	( )
8. 我感觉容易衰弱和疲乏。	( )	( )	( )	( )
9. 我觉得心平气和，并且容易安静坐着。	( )	( )	( )	( )
10. 我觉得心跳得很快。	( )	( )	( )	( )
11. 我因为一阵阵头晕而苦恼。	( )	( )	( )	( )
12. 我有晕倒或觉得要晕倒似的感觉。	( )	( )	( )	( )
13. 我呼气、吸气都感到很容易。	( )	( )	( )	( )
14. 我手脚麻木和刺痛。	( )	( )	( )	( )
15. 我因为胃痛和消化不良而苦恼。	( )	( )	( )	( )
16. 我常常要小便。	( )	( )	( )	( )
17. 我的手常常是干燥温暖的。	( )	( )	( )	( )
18. 我脸红发热。	( )	( )	( )	( )
19. 我容易入睡，并且一夜睡得很好。	( )	( )	( )	( )
20. 我做噩梦。	( )	( )	( )	( )

结果解释：

焦虑自评量表采用 4 级评分，选择“没有或很少时间”得 1 分，选择“小部分时间”得 2 分，选择“相当多时间”得 3 分，选择“绝大部分或全部时间”得 4 分。其中第 5、9、13、17、19 题为反向计分（即选择“没有或很少时间”得 4 分，选择“小部分时间”得 3 分，选择“相当多时间”得 2 分，选择“绝大部分或全部时间”得 1 分）。将每道题的分数相加得出总分。将总分数乘以 1.25 后取整数部分，即得最终分数。按照我国常模，量表的临界分数为 50 分。50～59 分为轻度焦虑，60～69 分为中度焦虑，70 分以上为重度焦虑。

第 3 节 大学生情绪调控与管理

案例 4-3

小芳是一个性格开朗、活泼的女生，长相比较秀气，善于与人交往而且很健谈，有亲和力及组织协调能力。刚进入大学就被任命担任了班长还进入了学生会。在别人眼中是非常幸运而有能力的人。但小芳却觉得在活泼开朗的外表下，自己有很多难言的苦楚。父母关系不好，自己经常要充当和事佬，虽然很小就能察言观色，但也导致自己不能敞开心扉，很在意周围人的情绪。虽然学习上很刻苦，各方面都不错，但是一直觉得自己不够聪明，尤其是高考没有发挥好，这让自己更加自卑。现在完全是凭着一种责任感在学习，所以感觉每日特别累。现在特别矛盾，既想解脱又感到特别无助。

问题： 1. 小芳应该如何处理她的情绪？

2. 我们应该如何面对自己的负面情绪？如何培养自己的积极情绪？

情绪丰富了大学生的体验，但是情绪也会成为负担。因此，有效地调控和管理情绪对大学生十分重要。有效的情绪调控和管理能够保证大学生学习过程中认知过程的顺利开展，有利于大学生建立良好的人际关系，有利于大学生的身心健康，有助于大学生更好地投入到学习、工作和生活中。

一、培养情绪的觉察能力

情绪调控和管理首先需要对自己情绪的觉察。情绪觉察首先表现为对自己情绪的识别和评价，也就是对自己的情绪能及时地识别，知道自己情绪产生的原因。

（一）情绪的自我觉察

个体只有在了解自己的情绪基础上，才能进行调控与管理。如果不了解自己的情绪，就只能无助地听任情绪的摆弄。情绪的自我察觉就是了解自己的情绪变化情况。例如，什么是触动你某种情绪的诱因，尤其是最强烈的情绪被触动时，是什么让你情绪被激发了。

人的情绪变化呈现周期性的规律，每个人都有自己的高潮期、低潮期和临界日。在高潮期内，人的精力充沛、心情愉快；在临界日内，自我感觉特别不好，健康水平下降，心情烦躁，容易莫名其妙地发火，在活动中容易发生事故；而在低潮期内，情绪低落，反应迟钝。

我们可以通过有意识记录的方式来确定自己的情绪变化，由此可以提前预测自己的情绪变化，避免因为情绪的变化而影响学习和生活。

（二）正确感知他人的情绪

正确感知他人的情绪有助于提高自己的情绪表达和控制能力，审视自己的情绪状态。人的情绪变化会通过言语、动作等表露出来，我们可以根据他人的表情和言语等来判断其情绪状态。

在所有的表情语言中，人们认识最趋于一致的就是面部表情。人们一般通过识别脸部动作来感知他人情绪。眼睛动作的识别在感知他人情绪中占有重要地位。人可以对自己的某些外显行为做到随意控制，却很难对自己的目光做到有效控制。

个体的不同运动和姿势反映不同的情感体验和心理状态。在体态表情中最重要的是双手的情况。观察者通过判断双手所表达的表情的正确率几乎和通过面部表情判断一样。相比面部表情，人的体态动作往往是其内心状态更真实的表露。也就是说，一个善于伪装面部表情的人，却往往会在体态表情上表露真实状态。

言语中的语音的高低、强弱、抑扬顿挫等也是表达说话者情绪的手段。现实生活中我们往往通过人们的声音来判断其情绪。

由于情绪具有复杂性、微妙性，同时又具有社会性，人们可能会用某种显著的表情来掩饰真实的感受。所以，我们要通过多种途径推测、了解他人的内心世界。

二、提高情绪的理解能力

（一）学会正确归因

对于同样的一件事情或一个行为，不同的个体会表现出不同的情绪反应，这是由于不同的人对事情的归因不同。归因可以理解为根据行为或事件的结果，通过知觉、思维、推断等内部信息加工过程而确认造成该结果的内部还是外部、稳定还是不稳定之原因的认知活动。

当个体将引发负面情绪的事件归结于自身的内部原因并且认为是可控时，更倾向于采取问题聚焦的应对方式，从认知的角度反思损失，避免未来产生更多的损失，进而采取积极应对行为；当个体将结果归结为他人或外界环境的外部原因时，会认为自己无法掌控损失的发生，更倾向于采取情绪聚焦的应对方式，从情绪的角度修复或远离负面情绪。

我们要学会积极的情绪归因。积极的情绪归因主要表现在把成功归因于内在的、稳定的因素，即当自己成功时归因于自己能力强而不是运气好，这样的归因模式能增强自己的自豪感和自信心。当失败时归因于内在的、可控的因素，即归因于努力不够而不是能力不强，这样的归因能使自己对将来充满希望，通过努力争取成功，避免沮丧等情绪的产生。

（二）理性情绪 ABC

美国心理学家阿尔伯特·埃利斯（Albert Ellis）于 20 世纪 50 年代提出了情绪 ABC 理论。该理论认为激发情绪的事件 A（activating event）只是引发情绪和行为的后果 C（consequence）的间接原因，而引起 C 的直接原因则是个体对激发事件 A 的认知和评价而产生的信念 B（belief），即人的消极情绪和行为障碍结果，不是由于某一激发事件直接引发的，而是由于经受这一事件的个体对它不正确的认知和评价所产生的错误信念所直接引起。例如，同样是英语考试没过，一个人无所谓，而另外一个人却非常郁闷。可能前者认为这一次考不过没关系，下次可以再来；而另一个人可能会认为自己准备了那么久还不通过，真是没用，以后没办法毕业。

情绪 ABC 理论认为正是由于个体常有的一些不合理的信念导致情绪困扰的产生，如果这些不合理的信念长期存在还会引起情绪障碍。不合理信念具有以下几个特征。

1. 绝对化要求　是指人们常常以自己的意愿为出发点，认为某事物必定发生或不发生的信念。它通常与“必须”“应该”“一定要”等字眼联系在一起。例如，“我必须成功”“别人必须对我好”等。这种绝对化的要求之所以不合理，是因为每一客观事物都有其自身的发展规律，不可能以个人的意志为转移。当某些事物的发生与其绝对化的要求相违背时，就极易陷入情绪困扰中。

2. 过分概括　是一种以偏概全的不合理思维方式的表现，它常常把“有时”“某些”过分概括化为“总是”“所有”等。它具体体现在人们对自己或他人的不合理评价上，典型特征是以某一件或某几件事来评价自身或他人的整体价值。例如，有些人遭受一些失败后，就会认为自己“一无是处、毫无价值”，这种片面的自我否定往往导致自卑自弃、自罪自责等不良情绪。而这种评价一旦指向他人，就会一味地指责别人，产生怨怼、敌意等消极情绪。

3. 糟糕至极　是认为如果一件不好的事情发生，那将是非常可怕和糟糕的。这将导致个体陷入极端不良的情绪体验中而难以自拔。糟糕至极常与绝对化要求相伴出现，即在人们的绝对化要求中认为的“必须”和“应该”的事情并非像他们所想的那样发生时，他们就会感到无法接受这种现实，从而走向极端。

合理情绪疗法是基于情绪 ABC 理论基础上所进行的认知行为疗法。当个体出现情绪困扰时，除了找寻事件、描叙情绪状态之外，最重要的是进行自我反思，查找背后的不合理信念并进行自我反驳，即对不合理信念的驳斥，用一个合理的信念代替不合理的信念，从而带来情绪和行为上的改善。

（三）摆脱情绪处理的钟摆效应

情绪处理的钟摆效应是指，当一个人在某一种情绪上降低了反应的强度时，其他的情绪强度也会有同样的降低。那些所谓的负面情绪强度降低了，正面情绪也会同样降低，就像“钟摆”一样，左右两边的摆动幅度总是一样的（图 4-1）。

如图 4-1 所示，当一个人在负面情绪上到达 B 点，那么正面情绪强度会达到同样高度的 A 点。当负面情绪强度降低到 D 点，正面情绪强度也会同样降低到 C 点。

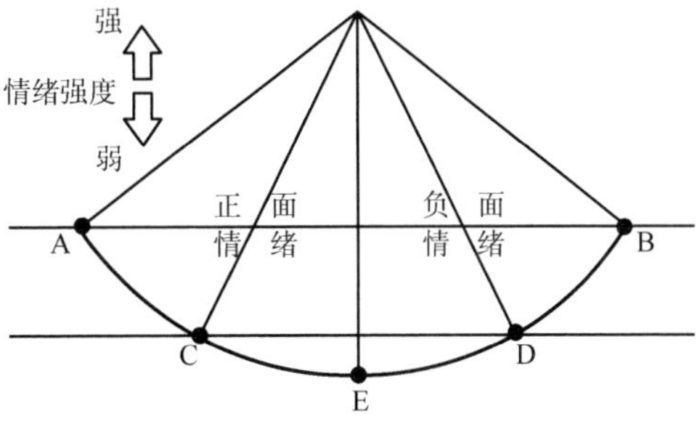

图 4-1　情绪的钟摆效应

每个人都希望避开痛苦，但是人在处理情绪时，因为受不了负面情绪的折磨，以“感觉麻木”去处理，结果长期发展下去，没有了悲伤，也失去了快乐体验。例如，有人害怕失望，因此极力想避开会导致失望的情况，如畏缩于拓展人际关系、不敢接受具有挑战性的工作等。就短期来看，他是避开了会使他失望的事情，可是同时也失去了能使他得到关怀和信心的机会。一心想逃避负面情绪并不是办法，积极的做法是从这些负面的情绪中挖掘出正面的意义及功能，让负面情绪为我们所用。

因此，我们应该把自己的情绪强度扩大，回到较大的摆动幅度，这样每天每件事带给我们喜悦、满足、自豪、信心等情绪，我们就可以达到积极情绪摆动的最高点，心中充满人生的意义和乐趣。因为正面情绪给我们积极的影响，即使当负面情绪也达到最高幅度时，我们也能承受。

三、增强情绪的应对能力

（一）接纳情绪

增强情绪应对能力的第一步是接纳情绪，尤其是负面情绪。当情绪与自我认知不一致时，个体往往会觉得痛苦，然后倾向否定这些消极情绪，希望自己最好不要有这些负面情绪。久而久之这种做法反而会令人更加压抑与郁闷。当我们想逃避，压抑或控制我们的疼痛、创伤或者焦虑，只会导致这些反应越来越严重。

其实每种情绪都是非常自然的反应状态，消极情绪对人类同样有帮助的作用。例如，害怕会让我们警觉，远离伤害；而愤怒则让我们在受到侵犯时吓退敌人或争取到生存空间。因此我们要学会接纳情绪。所谓接纳就是不加指责地承认情绪的真实性，承认自己有产生和表达这种情绪的权利。虽然我们的某些情绪产生的原因是不当的，某些消极情绪是不值得肯定或赞同的，但是我们应该接受它。只有接纳情绪，才能表达情绪，才能减轻内心的焦虑和不安，最终有利于情绪的重建。

（二）表达情绪

随着年龄的增长，大部分人越来越习惯于隐藏自己的情绪，认为这是一种成熟稳重的表现。但实际上隐藏情绪会导致无法对周围人传递内心信息，失去他人真正了解自己的机会，甚至会导致自身压力的积累，因此我们需要合理地表达自己的情绪。

表达情绪没有正确和错误之分，问题的关键在于如何选择恰当的表达方式。伤害他人或自己的过激行为是不被允许的，有些行为在某种场合是不合时宜的。消极情绪需要通过恰当的方式宣泄疏导。

1. 及时表达 对于自身的情绪应该选择立刻处理而不是压抑储存。否则当某一天压抑不住而爆发时，则会出现很多不良的后果。所以一旦感受到某种情绪，就要适当地表达，让他人明白，让自己能及时宣泄掉情绪，才能更好地处理问题。

2. 适时适度表达 消极情绪刚刚产生时最好马上处理，但是如果情境或者时机不对则先暂时冷处理，再尽快找到适当的机会加以处理。同时表达情绪要适度，不能随心所欲地发泄，不要只顾着表达自己的情绪，而不考虑对方的情绪或反应。

3. 清楚具体地表达 在表达情绪的时候应该用正确的类型与程度的情绪字眼，在后面加上简单具体的理由说明。正确的情绪表达是要表达自己的感受，而不是指责他人。例如，当对方没有按约定时间到达时，说“我很生气，因为我们约定是七点钟到，但我一直在这里多等了一个钟头。这样耽误了我后面的安排”，就比“我很生气，你很不负责，说好了七点钟又不按时”要好。

（三）缓解情绪

负面情绪过强，情绪波动过大，会影响到学习和生活，严重时会导致心理失衡和心理危机。我们可以采取一些方法来舒缓自己的情绪。

1. 宣泄 合理的宣泄既能降低自己的紧张、痛苦的情绪，又不会使他人受到伤害。常见的宣泄方式包括哭泣、与朋友倾诉、写日记等。

2. 自我放松 自我放松训练是用于克服紧张、焦虑的方法，目的是使身心放松，使生理与心理活动趋于平衡，使人从烦恼、紧张、忧愁等不良情绪中解脱出来。常用的自我放松训练包括静心与冥想、自我暗示、意向训练、肌肉放松训练等。

链 接 “4、7、8 呼吸法”

“4、7、8 呼吸法”是美国哈佛大学安德鲁·韦尔（Andrew Weil）博士研发的能帮助人缓解焦虑情绪的呼吸放松法，指鼻子吸气 4 秒、屏住呼吸 7 秒、呼气 8 秒。其作用原理是，副交感神经受体位于鼻孔内壁及鼻窦上，所以通过鼻子呼吸有助于提高镇静效果。而屏住呼吸会增加血液中的二氧化碳含量，从而使血管放松、血压降低。

具体方法如下：第一步，张大嘴巴呼气同时发出“呼”的声音；第二步，闭上嘴巴用鼻子轻轻吸气，在心里默数 4 秒；第三步，屏住呼吸 7 秒，之后用嘴深呼气，再次发出“呼”的声音，持续 8 秒；第四步，再一次吸气。将这四步呼吸动作完整重复 3 次。

韦尔博士建议每日练习 2 次，6~8 个星期后就能熟练掌握。

3. 转移注意力　是把注意力从消极的心理紧张和焦虑状态转向其他事物，以淡化或忘记那些令人不愉快的情绪反应。如在心情不佳、焦虑的时候去看看电影、听听音乐、到大自然中去散步，这些方法都可以在一定程度上排遣内心的不快。

4. 运动　适当的强度和一定时间的运动能促进大脑分泌内啡肽，而内啡肽能让人感觉愉悦，从而改善消极情绪。中等强度的运动对心境改变的效益最大。经常进行健身操、球类活动、跳舞、慢跑、游泳、走路等都能舒展身心。

素质拓展训练

素质拓展训练 4-5　不合理思维大辨析

【活动目的】

通过对案例进行分析，来训练使用理性情绪 ABC 的方法，以提高对自己情绪的理解和调控能力。

【活动步骤】

对下面的案例进行以下四个方面的讨论。

我是学生会主席，我必须能干。可是上一次开会的时候，我太累了，讲错一句话，他们在底下嘲笑我。哎！身为学生会主席的我竟然犯下这样低级的错误，真是太丢人了。以后同学、老师都会觉得我没有能力的。

1. 情境事件 A 是什么？
2. 对此事件的想法 B 是什么？有哪些非理性的想法？
3. 所引起的情绪结果 C 是什么？
4. 理性的想法是什么？怎么去驳斥？

【教师总结】

决定我们情绪产生的并不是诱发事件，而是对这个事件的评价和认识。所以我们可以通过对自己不合理观念的分析和辩驳来调控自己的情绪。

素质拓展训练 4-6　我的情绪我做主

【活动目的】

通过自身表达情绪与观察他人表达情绪，来认识恰当表达自己情绪和正确识别他人情绪的重要性。

【活动步骤】

1. 全班同学分为若干小组，每个小组 6～8 人。每位同学首先完成下面的填空练习。

当我……时	我的表达方式	他人了解我的情绪吗?	我接纳自己的表达方式吗? 我期望改变自己的表达方式吗?
高兴			
愤怒			
悲伤			
恐惧			

2. 发给每位同学一张小卡片，卡片上写有各种情绪，如快乐、爱恋、痛苦、郁闷、紧张、担心等。每位同学把自己的卡片收好，不能被其他同学看到。请每位同学按自己平时的表达方法将卡片上的情绪表达出来，其他组员仔细观察，分辨这位同学表达的是什么情绪，记录下来，每人轮流表达一次后，将自己手里卡片的情绪和大家猜测的表达情绪进行比较：

（1）你表达的情绪和他人猜测的情绪一致吗？

（2）你猜测的情绪和他人表达的情绪一致吗？

（3）为什么会有差异？

3. 交流讨论。

（1）如何更恰当地表达自己的情绪？

（2）恰当表达自己的情绪和正确识别他人的情绪对我们人际交往有何影响？对我们的心理状况有何影响？

【教师总结】

我们需要注意自己平时习惯的情绪表达可能会给他人带来不适的感觉，同时也要注意自己对他人情绪的理解存在着偏差。只有恰当地表达自己的情绪，正确认识他人的情绪才能有助于自己与他人的联系与交往。

本章小结

本章以加强大学生对自己的情绪状况的了解，以及提高调控和管理情绪的能力为目的，以便大学生能更好地生活与学习。首先介绍情绪的基本概念、情绪的分类、情绪健康的人具有的能力；然后介绍了大学生常见的情绪困惑：焦虑、愤怒、抑郁、嫉妒、冷漠等，并附有自评量表，通过比较和自评，学生可以对自己的情绪状态有更深的了解；最后介绍情绪调控和管理的方法。

收获与成长

通过本章的学习，我收获了____

____

____

____

____

自测题

1. 你认为过度高兴或者过度悲伤等两极性太强的情绪，对人的健康有什么不良影响？
2. 健康的情绪特征是什么？你是如何培养健康情绪的？
3. 出现了消极情绪，你是怎么进行自我调节的？

（邓湘穗）

第 5 章

积极心态与人际交往

大学时期是人的心理从不成熟过渡到成熟的阶段，学习、生活方式与以往有了很大的改变，人际交往也会面临巨大的挑战，用积极的心态面对人际交往中的困难，找到能力提升的方向，学会与不同的人沟通交流，对大学生来说是完善自我发展、培养身心健康的重要环节。

第 1 节　人际交往概述

案例　5-1

小冬，男，某专科大一学生，对高考成绩不满意。进入大学后，只想好好学习通过专升本考上更理想的学校。小冬认为宿舍同学联机打游戏是在浪费生命，并打扰自己的学习。对宿舍同学抽烟、晚睡晚起等行为，小冬更是不屑一顾。于是小冬完全放弃了跟同学的交流，平时独来独往，甚至不参加班级的集体活动。一个学期下来，没有交到一个好朋友，令他没有想到的是，成绩也没有达到自己预期的目标，他非常苦恼。

问题： 1. 为什么小冬心无旁骛一心学习，不与同学交往，但是成绩还是不理想呢？

2. 如果你是小冬，你将如何面对？

进入大学后，来自不同成长环境、性格各异的同学们生活在同一个屋檐下，会有或多或少的不适应，因为差异而关闭与他人交流的通道，是一种消极的不健康的人际交往模式，会影响大学生的学业发展和健康成长，如案例中的小冬。现实生活中，每年专升本或考研成绩公布后，各个高校总能出现一些学霸宿舍，他们虽然性格、爱好、专业等方面不尽相同，但是包容的心态和有效的沟通交流能够帮助他们度过这个特殊时期，达到双赢的局面。

一、人际交往和人际关系

（一）人际交往和人际关系的定义

人际交往指的是人们通过语言、文字或肢体动作、表情等方式，表达交换思想和信息、传递交流情感和需要的沟通过程，也称为人际沟通。通过人际交往，人与人建立起独特的情感和心理关系，形成一定的心理距离，这就形成了我们常说的人际关系。

（二）人际交往和人际关系的区别与联系

人际交往和人际关系既有联系又有区别。人际交往是人际关系形成的前提条件，人际关系是在人际交往中形成的。不同之处有三点，首先从时间上来看，先存在人际交往，后形成人际关系；其次从侧重点来看，人际交往侧重于人与人的联系与接触的过程及行为方式的程度，人际关系侧重于在交往基础上形成的心理状态和结果；最后从特征来看，人际交往具有动态性，而人际关系一旦形成就具有相对的稳定性。

二、人际交往的重要意义

（一）人际交往是个体生存和发展的需要

原始社会中，人类为了生存下去，尝试用声音和符号交流、合作，从而捕获到能够填饱肚子的猎物；现代社会中，婴幼儿通过与抚养者交流形成亲密的依恋关系，得到关怀与照顾，才能有身心的全面发展。如果离开了人类社会，没有了正常的人际交往，婴幼儿将无法得到心理上的正常发展。人是无法一个人独自生存在这个世界上的，如果想要生存和发展，就离不开与他人的交流和沟通。

（二）人际交往是大学生成长和成才的需要

在大学校园里，人际交往可以帮助大学生们尽快适应新的学习和生活，投入到崭新的大学生活中。通过人际交往，大学生了解了周围的人对自己的评价，丰富了对自己的认识，为完善自我提供了方向。通过结交更多的朋友，大学生收获了友情，得到了更多的支持力量，对提升自己的自信也有极大的帮助。通过人际交往，大学生学会了如何跟不同的人相处、合作，这为日后步入社会累积了丰富的经验，也为未来的事业奠定了成功的基础。

三、人际交往的发展过程

奥尔特曼和泰勒的研究发现，从人际交往过程中的情感投入和自我表露的程度来看，人际关系建立和发展的过程需要经历定向、情感探索、情感交流和稳定交往四个阶段。

（一）定向阶段

人际交往之初，人们会不由自主地被对方的某些特征所吸引，在这个阶段的交往，双方只是聊一些无关紧要的话题，有关自己信息的介绍也仅仅是点到为止，不会触及个人隐私，更不会有情感的投入。第一印象是定向阶段人们彼此交往的主要信息来源，此时获得的信息是对方的表面信息。例如，刚刚入校的大学新生在宿舍里第一次见到舍友们时的交往，就属于定向阶段，彼此间非常客气，把最好的一面留给对方，不会暴露自己的真实想法。

（二）情感探索阶段

交往双方在定向阶段产生好感后，随着交往增加，双方会有一定程度的情感投入，对共同话题的沟通开始深入，内心的想法进一步表露在对方面前，这就进入了人际关系建立的第二个阶段——情感探索阶段。在这个阶段，情感投入程度比较轻，会避免涉及个人隐私，把自己最好的一面或符合角色规范、社会礼仪的一面展示给对方。

在大学时期的生活中，一般会把处于情感探索阶段的交往对象称之为“一般同学”或“一般朋友”。例如，可以一起去上课、去吃饭的同学，只是路上一起走，会聊天气、课程或某个新闻事件，但是不会聊个人情感问题。由于时间和精力有限，大学时期很多人际关系都停留在这个阶段，既满足了和谐交往的需求，又满足了扩大人际交往圈子的需求。

（三）情感交流阶段

如果在情感探索阶段，交往双方彼此欣赏，心理需求得到满足，人际关系日益密切，则会进入人际关系建立的第三个阶段——情感交流阶段。在这个阶段，交往的双方都建立了基本的信任感，安全和归属与爱的需要也得到了满足，双方会有较深的情感投入，交流更多地涉及相对隐私的话题。例如，相互倾诉心中的烦恼和秘密等。我们经常会把处于这一时期的交往对象称之为“好朋友”。如果人际关系在这个阶段破裂，将会对交往双方带来较大的心理冲击和心理压力。

（四）稳定交往阶段

当交往的双方的人际关系亲密且稳定之后，慢慢会进入高度融合的阶段，即人际关系建立的第四个阶段——稳定交往阶段。在这个阶段，双方从精神到物质上的相容度越来越高，不但可以分享自己的隐私和情感，同时可以分享自己的生活空间和财物，这也是人际交往的最高境界。我们经常会把处于这一时期的交往对象称之为“知己”。现实生活中，很少有人能达到这一境界的人际关系，正所谓“人生难得一知己”。

链 接 人际交往中的自我表露

自我表露是向他人说心里话，真诚地与他人分享自己个人的、秘密的想法和感受的过程。自我表露伴随着吸引和信任感，信任程度和接纳程度越高，自我表露水平就越深。良好的人际关系是随着自我表露的增加而发展起来的。

四、健康人际交往的特点

从有效性和结果来看，人际交往可以被分成健康的人际交往和消极的人际交往两种类型。健康的人际交往更有利于沟通交流，最终达到关系和谐的结果。健康人际交往的特点主要有以下三个方面。

1. 态度积极友好 个体乐于交往，能够主动、愉快地与周围的人沟通交流。在交往过程中，能够表现出积极友好的态度，具备平等、真诚、宽容、善良、合作等积极的心理品质，人与人之间相处融洽。

2. 沟通及时有效 日常交往中，可能会出现彼此的误解或意见的分歧，健康的人际交往不会任其发展下去甚至出现冲突隔阂，而是能及时有效地沟通交流，澄清误会，消除分歧，让人与人之间的交往更加和谐顺畅。

3. 结果双方共赢 健康的人际交往能够满足交往双方的需要，拉近彼此间的心理距离，促进交往双方的积极发展。

与之相反，在消极的人际交往中，当出现了不愉快的交往过程时，伴随的是不良的、对抗性的人际沟通，表现出攻击、自负、嫉妒、孤立等不良特征，甚至出现拒绝沟通交流的现象，这就造成了人际关系的紧张。

素质拓展训练

素质拓展训练 5-1 大学生人际关系综合诊断量表

指导语： 这是一份人际关系行为困扰的诊断量表，请你认真完成，然后根据测验结果作出的解释判断自己的人际关系是否和谐。选“是”打“√”，选“否”打“×”。

1. 对自己的烦恼有口难言。(　　)
2. 和生人见面感觉不自然。(　　)
3. 过分地羡慕和妒忌别人。(　　)
4. 与异性交往太少。(　　)
5. 对连续不断的会谈感到困难。(　　)
6. 在社交场合感到紧张。(　　)
7. 时常伤害别人。(　　)
8. 与异性来往感觉不自然。(　　)

续表

9. 与一大群朋友在一起，常感到孤寂或失落。（ ）
10. 极易受窘。（ ）
11. 与别人不能和睦相处。（ ）
12. 不知道与异性相处如何适可而止。（ ）
13. 当不熟悉的人对自己倾诉他的生平遭遇以求同情时，自己常感到不自在。（ ）
14. 担心别人对自己有坏印象。（ ）
15. 总是尽力使别人赏识自己。（ ）
16. 暗自思慕异性。（ ）
17. 时常避免表达自己的感受。（ ）
18. 对自己的仪表（容貌）缺乏信心。（ ）
19. 讨厌某人或被某人所讨厌。（ ）
20. 瞧不起异性。（ ）
21. 不能专注地倾听。（ ）
22. 自己的烦恼无人可申诉。（ ）
23. 受别人排斥与冷落。（ ）
24. 被异性瞧不起。（ ）
25. 不能广泛地听取各种意见、看法。（ ）
26. 自己常因受伤害而暗自伤心。（ ）
27. 常被别人谈论、愚弄。（ ）
28. 与异性不知如何更好地相处。（ ）

结果解释：

计分，选“是”的打“√”，计 1 分；选“否”的打“×”，计 0 分。

总分在 0～8 分，说明你在与朋友相处上的困扰较少。你善于与朋友相处，人缘很好，获得许多人的好感与赞同。

总分在 9～14 分，你与朋友相处时存在一定程度的困扰。

总分在 15～19 分，表明你与朋友相处时困扰较严重。

总分超过 20 分，则表明你的人际关系的行为困扰程度很严重，而且在心理上出现较为明显的障碍。

第 2 节　大学生人际交往的现状

案例 5-2

大一上学期小晨和小松是一对形影不离的好朋友，后来小松因为表现突出被推荐进入学生会，工作原因使得两个好朋友不能再像以前那样同进同出了。学生会的工作给了小松认识更多同学的机会，也提升了他的自信心，小松的表现越来越得到老师和同学们的赞扬。可是小晨对小松却越来越挑剔，总是当众指出小松的不足，这让小松非常尴尬和苦恼。

问题：1. 请分析为什么小晨对小松越来越挑剔？
　　2. 请你分别帮小松和小晨分析一下他们遇到的问题，并给他们支个招。

一、大学生人际交往的特点

随着社会发展、科技进步，当代大学生作为在中国转型期成长起来的一代人，其人际交往特点也有了日新月异的变化，主要表现如下。

（一）交往范围扩大化

进入大学后，大学生们的交往对象不仅仅局限于班级和宿舍的同学，交往的范围逐步扩大。在参与学校或院系工作（如学生会）的过程中，认识了许多其他班级或年级的同学，建立起自己的社会关系。高校社团联合会中会有内容丰富多彩的社团组织，兴趣相同的同学会集合起来组织活动，又可以认识一批志同道合的朋友。另外，网络社交在大学生人际交往中占据了重要的位置，交往的范围也突破了本学校，延伸到其他高校或社会中。

（二）交往途径多元化

随着社会进步，计算机和互联网技术飞速发展，能够快速接纳新事物的大学生在人际交往中，除了传统的面对面沟通外，开始广泛使用手机、电脑、平板电脑等工具在网络平台交流，微信、微博、QQ、博客、网游等交往方式受到大学生的青睐。这些多元化的交往方式，使大学生的人际交往变得更简单、便捷。

（三）交往需求迫切化

经过高考洗礼的大学生，远离了老师、父母的耳提面命和学习的巨大压力，进入了一个新的环境，他们渴望被接纳、关爱、理解和支持。另外，随着自我意识的发展，大学生对老师和父母的依赖逐渐减少，他们把这种情感需求转向同龄人，希望与他们分享自己的感受和秘密。因此，大学生迫切希望通过人际交往认识新朋友。

（四）交往动机理想化

在大学里，人际交往的动机相对比较单纯，情感的因素占绝大多数，他们在交往中真诚、坦率，注重的是精神方面的交流。因此，对人际交往抱有较高的期望值，并将其理想化。大学生期待交往中的彼此尊重和平等交流，不能接受交往对象的居高临下，注重情投意合、渴望心与心的真诚交流。他们情感丰富易波动，当现实交往不能满足真诚、平等、尊重等需求时，就会使双方的友谊产生危机。

二、影响大学生人际交往的心理因素

大学生人际交往会受到心理因素的影响，积极的心态和生活中常见的心理效应都会或多或少地影响到交往的过程，了解这些心理因素在人际交往中的作用，对大学生健康的人际交往有很大的帮助。

（一）积极的心态对大学生人际交往的影响

积极的心态是个体对自己、他人或事物持有的一种良性的、建设性的心理准备状态，是面对挑战时具备的“我能”而且“我会”的心理状态。当面对问题时，在积极的心态下，能同时看到问题积极的和消极的两个方面，但是会更强调积极的一面。

在人际交往中不可避免地会遇到困难、挫折或挑战，积极的心态可以帮助个体看到积极可行的方面，从而制订可行的实施方案积极行动起来，努力去应对面前的困难、挫折或挑战。在交往中，面对他人的苛刻要求时，积极的心态可以帮助大学生换位思考，理解对方的言行，认识到自身的不足，从而接纳他人的建议和帮助，在改正问题的同时也提升了自己的能力。积极的心态能够帮助我们用真诚、尊重、宽容、善良、积极的心理品质与他人交往，从而建立和谐的人际关系。

（二）心理效应对大学生人际交往的影响

1. 首因效应 指的是个体在与他人交往过程中，最先接收到的信息比后续接收到的信息对形成印象影响更大的现象，也就是我们常说的“第一印象”。《三国演义》中讲到“卧龙凤雏得一可安天下”，可是当被称为凤雏的庞统面见孙权准备效力东吴时，却因为相貌丑陋、行为傲慢不羁而被孙权拒之门外。孙权之所以不识英才，主要是受了首因效应的影响。

首因效应在人际交往中有利有弊，它带给我们的第一个启示是，路遥知马力，日久见人心，仅凭第一印象就妄加判断，往往会带来不可弥补的错误。第二个启示是，既然第一印象这么重要，那么初次与人见面时，一定要注意自身的仪表风度、言谈举止、面部表情等，争取给别人留下美好的印象，如运用 SOLER（sit，open，lean，eye contact，relax）模式来完善自己在别人心目中的形象。

2. 光环效应 是知觉对象的某个积极特征被泛化，并影响对其整体印象的人际知觉偏差。这是一种以偏概全的认知偏差，是在人际交往中的一种爱屋及乌的知觉特点。在人际交往中，如果认为某人在某一方面表现突出，那么好的光环就会笼罩住其他方面的品质，产生“一好百好”的心理倾向。大学生人际交往中的光环效应主要表现在外在形象和特长方面，如因为长相出众就被同学们称为“男神”或“女神”。我们经常会说“情人眼里出西施”，之所以热恋期的男女眼中对方如此完美，就是因为光环效应的存在。

光环效应带给我们的启示是，不能只凭借对方的个别特点，就以偏概全主观臆断，如同盲人摸象一样，不能全面地认识和评价一个人或事物。在人际交往中要尽量避免和克服光环效应的副作用。

3. 刻板印象 指的是对某一类人或事物产生的比较固定、概括和笼统的看法，而无视个体差异的存在，如同贴标签一样。这是人们在认识他人时经常出现的一种非常普遍的现象，经常出现在年龄、性别、职业、地域、民族等方面，是对社会人群的一种简单分类，一旦形成，很难改变，就像刻在木板上一样。在大学里，有一些专业男女比例差别很大，如护理专业、学前教育专业、机械专业等。就是因为在大多数人的眼中，女性有耐心并且细心，适合做照顾人的工作，因此护士、幼儿园老师一般都是女性，这就是刻板印象带来的影响。

刻板印象首先可以帮助我们尽快了解某个人或事物，做到事半功倍；其次，由于受到刻板印象的影响，我们很难看到某个人或事物的个体差异从而产生误解，在一定程度上阻碍了事情的顺利进展。因此，在人际交往中要有敏锐的觉察能力，及时发现刻板印象可能带来的消极影响。

4. 投射效应 即以己度人，把自己的情感、认知和意志特点投射到别人身上，认为其他人也应该如此，结果曲解他人的意图，俗话说的“以小人之心，度君子之腹”就是这个道理。投射效应是一种自我防御的无意识反应，有时候它有利于调节心理，保护自己，但在人际交往中由于主观臆断也常常产生误会和矛盾。例如，某男生暗恋班里的一位女同学，认为女同学的很多举动都是在向他表示好感，于是鼓足勇气表白，却遭到拒绝。

投射效应带来的启示是，在人际交往中当人们以己度人时，就不能准确地判断客观情况。要注意多从对方的角度思考，多方面了解事实真相，力求客观、准确地评价。

三、大学生人际交往中的不良心理状态与调适

在大学校园里，有些同学在人际交往时存在一些困扰，造成这个局面的原因有很多，比较直接的原因与人际交往中的不良心理状态有关。用积极的心态去了解这些不良心理状态，不逃避，找到适合自己的调适方法，能促进大学生人际交往能力的提升。

（一）害羞

害羞是担心自己的缺点被他人发现而被看不起的心理状态。害羞状态下的人很担心在大庭广众下表现自己，在人际交往中表现为紧张不安、拘谨压抑、沉默寡言。有些大学生关注自己在他人眼中的形象，“跟别人交往我会很害羞”是这些同学的心声，因此在交往中常常会出现不同程度的害羞，尤其是在与异性交往时更为常见。要克服害羞的心理状态，大学生可以尝试在以下几个方面改变。

1. 改变认知　改变对害羞的认知，人们往往认为害羞是不正常的表现，周围的人都比自己表现得好。但是心理学家菲利普·津巴多（Philip George Zimbardo）的研究发现，80%的人曾经害羞过、正在害羞或者经常害羞，其中约 40%的人认为自己现在正在害羞，他们得出的基本结论是“害羞是人类共有的，具有普遍性和人群分布广泛性的特点”。通过这个研究，我们可以改变以往对害羞的看法。

2. 寻找害羞背后的原因　虽然知道了害羞具有普遍性，但它还是会或多或少地影响到我们，如当众讲话紧张，和异性聊天紧张，总担心自己找不到话题等，这些害羞背后的原音是，怕表现不好被别人笑话，更深层次的原因则是我们过度关注自己。

3. 接纳害羞　了解害羞的普遍性和背后的原因后，接下来就要接纳自己的害羞情绪。只有自己才会密切地关注自己的一举一动，即便是有做得不够完善的地方，也会很快过去的。当我们遇到尴尬窘迫，能够真实面对、接纳自己时，也就真正接纳了害羞的情绪。

4. 尝试克服害羞的心理训练　可以通过一些心理训练来克服害羞的不良心理状态，如通过撒豆练习，改变做事情过于注意别人对自己的看法的情况，从而使注意力集中在事情本身上面。

（二）自卑

自卑是由于某些生理心理或其他方面的缺陷而产生的轻视自己，认为无法赶上别人的消极心理状态。大学生自卑心理的主要表现有不自信、悲观看待问题、敏感多疑、逃避交往、情绪低落等。自卑状态的人在跟他人交往时，做不到平等交往，总感觉低人一等，周围的人会瞧不起自己，“我长得不漂亮、内向、不会说话，很难找到朋友”是这些同学常常担心的问题。自卑心理严重影响大学生的人际交往，要克服自卑的心理状态，可以尝试以下方法。

1. 正确认识自我　改变以往对自己的错误认知，客观真实地评价自己，寻找自身的优点和缺点，而不是一味只盯着自己不如别人的地方。通过他人了解自己，俗话说“当局者迷，旁观者清”，周围人的评价能帮助我们认识、了解自己。参加形式各样的实践活动，在活动中发现自己未知的潜在力量。

2. 合理归因　当产生自卑心理时，可以觉察是什么原因引起的，寻找可能存在的原因，而不是总去责怪自己做得不够好。人际关系不好，不一定是因为自己认为的“缺陷”造成的，在人际交往中，大家最看重的是真诚的内心。

3. 进行公平的比较　进行公平的比较对改善自卑心理状态非常有效。如果总是用自己的劣势比较他人的优势，将会一直都觉得自己不如别人。可以选择跟自己水平相当的人进行比较，或者跟以前的自己比较，这样就不会因为看不到自己的进步而心灰意冷了。

4. 心理训练　对于增强自信、告别自卑的心理训练有很多，如运用积极的自我暗示等。日

常生活中多参加实践活动，体验成功的喜悦，从中发现自己未知的潜在力量，从而增强自己的自信心。

（三）嫉妒

嫉妒是发现自己在才能、名誉、地位或境遇等方面不如别人而产生的一种异常心理状态。嫉妒是由羞愧、恐惧、愤怒、怨恨等组成的复杂情绪状态。在大学生的人际交往中，周围同学在某些方面超越自己时，被嫉妒心理所控制的人感觉这是对自己的威胁，往往会采用讽刺、贬低等伤害他人的方式来宣泄自己的情绪，并认为这样可以缩小自己与他人的差距。嫉妒的不良心理状态，严重影响到人际交往的顺利进行，造成人际关系紧张。要克服嫉妒的心理状态，可以尝试以下方法。

1. 改变错误的认知 嫉妒来源于以自我为中心，当周围的人取得成绩时，认为是对自己的威胁。如果能客观公正地评价他人的进步，为他人的成绩而鼓掌，同时调动自己的积极性迎头赶上，才能真正消除双方的差距。

2. 正确认识自我 俗话说“人无完人”，看到自己优势的同时还要看到自己不足的地方，承认自己某些方面不如他人，不逼着自己去做完不成的事情，也是爱自己的一种表现。

3. 完善人格 有嫉妒心理的人，要注意完善自己的人格，从积极心理学的角度来看，当我们能做到放弃抱怨，理性对待自己的不足，用豁达的心胸面对他人的成就时，也就拥有体验幸福的能力了。

（四）孤独

孤独是一种主观的社会孤立状态，是个人知觉到自己与他人隔离或缺乏接触而产生的不被接纳的痛苦的心理状态。有孤独心理状态的大学生的主要表现：与周围同学交往少，很少参加学校或班级的集体活动，平时独来独往，沉默寡言，依赖手机。孤独的不良心理状态使得大学生逃避交往，长此以往会影响他们的身心正常发展。克服孤独的心理状态，可以尝试以下方法：

1. 尝试参加集体活动 参加集体活动，不但可以帮助自己认识更多的朋友，获得更多的心理支持，还可以在活动中感受自己的力量感和存在感。

2. 培养自信心 孤独的人也渴望交往，但是没有信心与周围的人面对面交流，他们的内心是痛苦的，因此通过培养自己的自信心，敢于表达真实的自己，才能认识志同道合的朋友。

3. 需求专业的心理帮助 造成孤独的原因多种多样，时间可能跨度比较大，此时可以求助学校或社会上的专业心理机构，获得适合自己的更为深入和专业的帮助。

（五）猜疑

猜疑是指没有事实根据，通过主观推测产生的一种不良心理状态。在大学生人际交往中，常常表现为敏感多疑、情绪波动大、不信任他人、在意得失、与同学交往不敢暴露真实想法、紧张、防御心理很强。这样的不良心理状态，会影响朋友间的信任感，导致人际关系紧张。

克服猜疑的心理状态，可以尝试以下方法。

1. 用积极的心态看待周围的人或事 积极的心态能帮助个体从积极和消极两方面看待问题，并且从积极的方面入手解决问题，在交往中真诚、信任并宽容对待周围的人，不道听途说、无端猜疑。

2. 培养自信心 可以增强内心的力量感，只有坚定地相信自己，才能不轻易被周围的人所左右，当充满自信地学习、生活时，才能真正放下防御的盾牌，轻松享受生命。

3. 加强沟通和交流 当有猜疑出现时，最直接有效的方法就是及时沟通交流，而不是在背后捕风捉影地猜测对方的心理，这样很容易出现误解甚至是怨恨。说者无心，听者有意，有时候不经意的一句话会让猜疑者背上很大的心理负担，及时主动的交流会让人卸下不应该背负的心理包袱。

素质拓展训练

素质拓展训练 5-2　撒豆练习

【活动目的】

练习做事情的专注力，尝试把注意力从别人身上转移到自己身上。

【活动步骤】

1. 准备 100 颗豆子和一个盘子，请同学帮忙抓一把放在盘中，在大家的注视下，快速数清楚豆子的数目。最后，请同学核实数目是否准确。多练习几次，觉察数错时自己的心态和行为。

2. 每天坚持练习，吸取经验教训，争取做到在大家注视下也能又快又准地数清豆子。

【教师总结】

撒豆练习是个简单有效的练习，尤其是在训练专注力方面。当你能快速准确地数清豆子时，说明你的注意力已经不放在周围人如何看待你了，也就是能在别人的注视下集中注意力了。

素质拓展训练 5-3　伸出你的手

【活动目的】

打破交往的僵局，体会主动交往带来的感受。

【活动步骤】

1. 自己准备好一张纸和笔，在课堂上可以自由走动，找到你想认识的人，主动伸出手说："你好，我叫××，能告诉我你的名字和联系方式吗？"

2. 10 分钟后，看大家的纸上留下了几位同学的信息。可以请同学谈谈刚才活动中的感受，如伸手前有没有担心、主动与不认识的同学握手的感受、当被别人握住手的时候的感受等。

【教师总结】

这个心理游戏旨在让大家体会主动交往时的感受，如有没有想象中那么困难，当认识新朋友时是否有高兴愉快的情绪体验。人际交往需要勇气，让大家理解大多数人都渴望交往又被动等待这一现实。

素质拓展训练 5-4　选择你心目中好朋友的优秀品质

【活动目的】

了解人际交往中大家最看重的是内心，克服自卑心理。

【活动步骤】

1. 请同学们选择你认为朋友最重要的五个性格特征，选择的词语分别有"诚实守信、善良、乐观、热情、稳重、值得信赖、坦诚、待人忠厚、外向、活泼、能干、乐于倾听、外表好、健谈"。

2. 现场调查全体学生的选择结果，统计每个词语的选择频次。

3. 根据结果讨论在人际交往中，人们最看重的是朋友的哪些特质，为什么？

【教师总结】

通过现场调查，我们可以了解到第一印象在人际交往中固然很重要，不要以为自己内向、不健谈、不会察言观色就没有吸引力，人们更看重的是语言背后的那颗心，也就是俗话说的"路遥知马力，日久见人心"。

第3节 大学生人际交往的能力提升

案例 5-3

大二学生小贝，性格内向，他同宿舍的好朋友小林开朗活泼，进校不久就认识了很多朋友。小林爱热闹，周末常常和朋友约着一起出去聚餐，他不愿意留下小贝一个人，每次都叫上小贝一起去。小贝不喜欢和陌生人一起聚餐，不知道该说什么，另外他喜欢周末去图书馆看书，每个周末的聚餐让他觉得时间都浪费了。可是小贝不敢拒绝小林，担心小林生气，两人不能做好朋友了，于是每周都勉为其难地去参加这种聚会，小贝很痛苦。

问题： 1. 你怎么看待小林和小贝的行为？

2. 如果你是小贝，你会怎么做？

大学生在人际交往中，可以通过学习人际交往的原则和技巧，来提升自己的人际吸引力，增强人际交往的能力，建立和谐的人际交往氛围，为构建和谐社会，贡献自己的一份力量。

一、人际交往的原则

（一）真诚原则

在人际交往中，真诚原则指的是能够对他人坦诚相待，真心实意地表达自己的内心所想，不弄虚作假、说一套做一套，这个也是获得他人信任的重要原则。需要注意的是，真诚并不是自我发泄，一吐为快，要注意适度，言行举止不能伤害到别人的自尊心和人格。

（二）平等原则

在人际交往中，平等原则指的是交往双方在态度和人格上是平等的，也就是交往的双方要平等相待，互相尊重，既不盛气凌人，也不妄自菲薄。心理学家马斯洛的需要层次理论中提到，被尊重是人的需要之一。在人际交往中，只有被尊重的需求得到满足，交往才能和谐。

（三）宽容原则

在人际交往中，宽容原则指的是原谅伤害自己的人或行为，积极正面地看待，不记仇不逃避，即古人说的“以德报怨”。宽容不是软弱，它既能体现当事人的善解人意和自信，也能彰显气度和胸襟。

（四）诚信原则

在人际交往中，诚信原则指的是诚实守信，遵守诺言。诚信原则是交往中获得对方信任的重要原则，如果交往中丧失了诚信，彼此间很难建立良好的人际关系。从古至今，中国人一直把诚实守信作为立身处世的基本规范。

（五）互惠原则

在人际交往中，互惠原则指的是双方都能在交往中有所收获和付出，彼此能够在物质或精神上互相支持和帮助。在人际交往中，不能只在乎自己是否有所回报，也要懂得付出和合作，这样人际关系才能越来越密切。

二、人际交往的技巧

要想提升人际交往的能力，学会人际交往的技巧是很有必要的，常见的交往技巧有以下几种。

（一）留下良好的第一印象

在人际交往初期，给别人留下良好的第一印象至关重要，人际交往中的首因效应运用得当，可以起到事半功倍的效果。

社会心理学家艾根（G. Egan）提出的 SOLER 模式是留下良好第一印象的技巧之一，这个模式简单易学、效果显著。

SOLER 是由五个英文单词的首字母拼写起来的。S（sit）代表“坐或站的时候要面对别人”，这样传递的信息是“我很尊重你”。O（open）表示“姿势要自然开放”，双肩打开，姿势自然不拘谨。L（lean）的意思为“身体微微前倾”，此时传递的信息是“你讲的话我非常愿意听”。E（eye contact）代表“目光接触”，如果看着对方的眼睛时感觉很不舒服，此时可将目光停留在“社交凝视区”即为对方唇珠到双眼之间的三角区，这样会使彼此都感到轻松自然。R（relax）表示“放松”。

心理学家发现，如果有意识地在社交场合运用 SOLER 模式，可以帮助人们表达对对方的尊重和接纳，有效地增加别人对自己的好感。

（二）合理运用共情

共情是体验别人内心世界的能力，可以觉察对方的情绪，体验到他人的感受，并用语言表达出来。例如，对方很焦虑，我也感受到了这份焦虑。经常用的语句有“要是我，我也会……”“我能理解你的心情”“我也有过类似的经历”等。例如，当你向朋友倾诉失恋了很伤心时，你觉得哪种回复能更好地安抚到你呢？第一种“没什么大不了的，再找一个更好的”；第二种“你一定很难过，我能理解你的心情，要是我，我也会哭的”。第二种表达更能体会到对方当时的心情，因此安抚的效果会更好。

值得注意的是，共情不是同情，同情是站在自己的角度去理解对方，而共情则是站在对方的角度去体会；同情会提出诸多意见和评论，共情不评论不批判。

在人际交往中尝试合理运用共情，会让你与对方的心贴得更近，关系也更加密切。

（三）学会倾听

在人际沟通时，倾听是一个很重要的技巧，当自己讲话被认真倾听时，内心是愉快的，并且非常乐意将谈话进行下去。倾听时，要做到以下几点。

第一，认真仔细地聆听，不但用耳朵，还要用心倾听，能够感同身受。

第二，倾听时不仅要能理解对方的言语信息，还要关注对方的肢体动作和面部表情这些非言语的信息。

第三，在倾听过程中，给予适当的鼓励性反馈，包括语言反馈和非言语反馈。语言反馈可以是恰当的提问和表达感受；非言语反馈如点头、微笑等非言语动作，可以表示理解和认可对方的话。

第四，倾听时要与对方有眼神的接触，眼睛不能东张西望，要看向对方，但也不能盯着对方，可以将视线停留在“社交凝视区”。

第五，倾听时不能带有偏见，不急于下结论，不评判对错。

在人际交往中，学会倾听可以帮助人们建立和谐的人际关系，使沟通更加顺畅。

（四）学会赞美

适当的赞美是人际交往中的润滑剂，它可以快速地拉近两个人的心理距离。心理学实验证明：人们喜欢喜欢他们的人。人际关系学家戴尔•卡耐基（Dale Carnegie）认为，夸奖让我们感受到别人对自己的欣赏，感受到别人对自己的信心。但是，赞美要运用得好、运用得适当是有一定难度的。

首先，赞美别人时，态度要真诚，能引起对方好感的只能是那些发自内心的赞美。

其次，赞美要实事求是，夸奖对方真实具有的方面，否则会适得其反，如一个长相普通对自己不自信的人，你赞美她漂亮，她会认为你在取笑她。

最后，赞美要言之有物，不要空洞地夸，要跟具体的事物或事件联系起来。当你夸赞别人“真棒!”“真厉害”，别人高兴的同时总想听下文，“我到底哪里棒了？”“我哪个地方厉害？”没有下文的赞美也就是泛泛的赞美，别人不一定听到心里去。

（五）学会拒绝

在人际交往中，学会拒绝别人，敢于说“不”，是一个很重要的人际交往策略，因为人与人是平等的。如果一味地顺从别人而委屈自己，就会失去自我，失去了对自己的尊重。在拒绝别人时，我们首先要有敢于说“不”的勇气，其次要掌握说“不”的技巧。良药未必苦口，下面给大家介绍七种委婉表达拒绝的方法。

第一种，婉拒法：“很抱歉，我的时间刚好和这个活动冲突了。”

第二种，缓冲法：“这个我不了解，我和家人商量一下，过几天再决定，好吗？”

第三种，补偿法：“真对不起，我实在没法陪你去参加这个活动了，要不我帮你跟老师请假吧。”

第四种，幽默法：“我喝酒过敏，这一杯下去啊，咱们明天就得医院见了。”

第五种，借力法：“你问问我朋友，他可以证明，我真干不了这种事!”

第六种，谢绝法：“虽然我不能去，但是非常谢谢你，在这个时候能想到我。”

第七种，回避法：“今天咱们先不谈这个好吗？说说其他的事情吧。”

（六）学会换位思考

在人际交往中，换位思考是设身处地地为他人着想的思维方式。换位思考是用积极心态处理人际交往问题的一种方法。当遇到不如意的事情时，通过换位思考，站到对方的角度上去思考同一个问题，尝试理解他人的行为，气愤、抱怨等消极情绪也会随之减少，更能宽容对待他人，甚至还会改变自己的行为。换位思考技巧可以极大地帮助我们缓解人际交往中的冲突，让双方的沟通更和谐。

换位思考时要做到能觉察何时需要换位思考，这点可以通过日常训练来做到，可行的方法有：①在醒目的地方做提醒标识。②每天记录 3 次换位思考的过程。③多问几个“为什么？”找到对方行为的原因，真正做到想人所想，感同身受。

素质拓展训练

素质拓展训练 5-5 信任之旅

【活动目的】

通过体验帮助别人和被别人帮助，感受人与人之间信任的重要性。

【活动步骤】

1. 预先选好两条不同的行走路线，中间有各种障碍物。分组，两人一组，先由 A 做盲人（戴上眼罩），B 做向导。

2. B 做向导时，不能与 A 有语言交流，可以有身体接触。在最短的时间里，安全地协助 A 通过指定路线。

3. A、B 角色互换，A 是向导，B 是盲人，更换新的行走路线。

4. 两轮全部结束后，分享当盲人的体会，被帮助时的感受，帮助别人时的感受，走完后的感受，你是怎么帮助对方的，你是怎么理解对方的帮助的。

【教师总结】

人际交往中，信任是非常重要的一个原则，在盲行中，如果不能信任队友，将难以完成任务。

本章小结

本章介绍了人际交往和人际关系的重要意义、人际交往的发展过程、健康人际交往的特点，分析了大学生人际交往的特点和影响人际交往的心理因素，介绍了大学生人际交往中的不良心理状态和调适的方法，最后教给大家提升人际交往能力的原则和技巧。通过本章学习让大学生了解人际交往过程中的心理特点，理解建立良好人际关系的重要性，掌握人际交往中的技巧，提升自己的交往能力，顺利渡过大学阶段的学习生活。

收获与成长

通过本章的学习，我收获了____

____

____

____

____

自测题

1. 在人际交往中，你遇到的最大的苦恼是什么？打算如何解决？

2. 在宿舍中，你是否遇到过与自己脾气性格不一样的同学？如果有，你是怎样与他（她）和平相处的？

3. 一周内尝试认识三位新朋友，记录交往之初跟他们说话的内容，尝试寻找共同感兴趣的话题，对自己的表现进行自我评价，并找到改进措施。

（杨　敏）

第6章

两性交往与爱的艺术

爱情是一种美妙的情感，是人类永恒的话题。爱情也是世界上最复杂的情感现象。对于感情丰富、敏感的大学生来说，爱情更是极具魅力的。如何正确地对待爱情和两性交往恰恰也是最困扰大学生的主要问题之一。大学生要学会正确地认识爱情、对待爱情。

第1节　恋爱与性的概述

案例 6-1

小亮，某医学院校大三男生。小亮非常苦恼，来到心理咨询室做心理辅导。他说："我大学里有两个目标，第一是毕业找份理想的工作；第二就是找到一个相爱的女朋友。可是我大学期间追求过三个女孩，这三个女孩都拒绝了我。有的说不合适，有的说没感觉。"小亮现在陷入深深的困惑当中："为什么没有女生喜欢我？"

问题： 1. 小亮的问题是什么？

2. 面对小亮，你觉得可以如何帮助他？

一、爱情的概述

（一）爱情的定义

爱情是人际吸引最强烈的形式，是身心成熟到一定程度的个体对异性产生的有浪漫色彩的高级情感。其特点如下。

第一，爱情一般是在异性之间产生的，狭义的爱情专指异性恋，不含同性恋。

第二，爱情是个体身心发展到相对成熟的阶段时产生的情感体验，幼儿没有爱情体验。

第三，爱情有生理基础，包含性爱因素，不是纯粹的精神上的依恋。

第四，爱情的基本倾向是奉献。衡量一个人对异性有无爱情、强度如何，可以通过"是否发自内心帮助所爱的人做其期待的所有事情"这个指标来判断。

（二）爱情与喜欢

在实际生活中，容易与爱情混淆的一种人际吸引形式是喜欢。社会心理学家齐克·鲁宾（Zick Rubin）对爱情和喜欢的关系进行了系统的研究，他发现爱情不是喜欢的一种特殊形式，爱情与喜欢是两种情感。在生活中，也存在"我喜欢他（她），但不爱他（她）"的现象。

爱情和喜欢的区别主要表现在三个方面。

第一，依恋。卷入爱情的双方在感到孤独时，会高度特异性地去寻找对方来陪同和宽慰，而喜欢的对象不会有同样的作用。

第二，利他。恋爱中的人会高度关注对方的情感状态，觉得让对方快乐和幸福是自己义不容辞的责任。在对方有不足时，也会表现出高度的宽容。以自我为中心、自私自利的人，在恋爱中也会表现出某种理解、宽容、关怀和无私。

第三，亲密。恋爱的双方不仅对对方有高度的情感依赖，而且会有身体接触的需求。性是爱情的基础，是爱情的核心成分。

（三）爱情理论

1. 斯滕伯格的爱情三维理论　美国心理学家罗伯特·斯滕伯格（Robert J. Sternberg）提出了爱情的三维理论，他认为爱情由三个基本的成分组成：亲密、激情和承诺。亲密是指在爱情关系中能够引起的温暖体验。表现在行为上是跟对方比较亲近，如我们会跟亲密的人更多地暴露自己，分享自己的秘密和隐私。有些心里话只会跟对方讲，不会跟别人讲，因为自己跟对方更加亲密。激情是爱情中的性欲成分，是情绪上的着迷。爱情中的人一般都会有生理上的吸引，恋爱中不一定有实质性的性行为，但一般都有边缘性的性行为，如亲吻、拉手、拥抱等。承诺是指维持关系的决定期许或担保。如最简单的承诺就是承认对方的身份，承认这是自己的女朋友或者这是自己的男朋友。还有很多恋爱中的人会为了未来去努力，这也是一种承诺。

斯滕伯格认为爱情必须包含三个要素，缺一不可。缺少任何一种，都不是爱情，都会变成一种其他的关系。根据关系中成分的不同，可以分为不同的类型。

（1）亲密、激情和承诺：完美的爱情。

（2）只有亲密：喜欢。我们跟某些人只有亲密而没有激情和承诺，如普通朋友之间。我们喜欢跟对方聊天，也会聊一些心里话，但没有激情和承诺。

（3）亲密和承诺：同伴之爱。如好朋友之间的关系，很亲密，也会承诺是一辈子的好朋友，但没有激情。

（4）亲密和激情：浪漫之爱。一般来说一段恋情的开始阶段属于这种关系。

（5）只有激情：迷恋之爱。一见钟情就是一种迷恋之爱。

（6）只有承诺：空洞之爱。如某些夫妻，感情已经名存实亡了，但是为了孩子或者一些其他因素，选择不离婚，就属于空洞之爱。

（7）激情和承诺：愚蠢之爱。例如，社会上某些人为了追求刺激，保持一段长期的肉体关系。

2. 感情过滤器与只爱同类人　我们每个人喜欢的都不是一个人，也不是所有的人，我们喜欢的是某种类型的人。就相当于每个人内心里都有一个感情过滤器，会把喜欢的类型筛选出来。杜胜祥在《揭开爱情的面纱》这本书中提出了感情过滤器理论。

感情过滤器跟这个人的童年经历、与父母的关系等有关，往往是在潜意识层面的，所以不易察觉。通俗地说这就是感情惯性，我们会对某种类型的人产生依赖，甚至是条件反射。例如，一个女孩子非常苦恼地说，自己好像陷入了一个怪圈，每次谈恋爱都是同四肢发达、头脑简单型的人。她告诉自己下次要找个不一样的，但不由自主又找了一个这种类型的人。

我们喜欢哪种类型的人跟我们父母的关系也非常密切。如在某相亲节目之中，有一个男生选择了自己的心仪女生。主持人问："为什么选择这个女生？"这个男生回答："因为她的背影跟我妈妈非常相似。小时候学习累了，睡着了，忘记关灯。每次妈妈进来关好灯往外走，我就看到妈妈的背影，觉得很温暖。"所以我们的父母对于我们选择怎样的异性影响非常大。

3. 爱情的依附理论，亲子关系决定了爱情关系　爱情依附理论认为所有的爱情关系都是亲子关系。恋人之间痴痴相对的样子不就像母亲与孩子痴痴相对的样子吗？他们可以乐不思蜀，可以陶醉在两人四眼相视的状态中，母亲和婴儿之间也是这样子的。

亲子的依附理论又称亲子依恋，指的是婴儿与抚养者（主要是母亲）之间建立起来的一种长期的亲密关系。玛丽·安斯沃思（Mary Ainsworth）通过陌生情境研究法，把婴儿的依恋分为三种类型：安全型依恋、矛盾型依恋和回避型依恋。20世纪80年代中后期，依恋理论的研究大多局限在儿童研究领域，直到1987年才使依恋的研究拓展到了成人阶段，典型的标志是哈赞和谢弗（Hazan & Shaver）构建了一个简单的自我报告量表。研究认为，儿童期孩子身上表现出来的依恋特征，成年以后仍然会显露出来，所以成年人也应该具有和儿童一样的依恋类型分类。

（1）安全型依恋：这种类型的人在爱情中有安全感，信任对方，既能表达对对方的爱，也能接受对方对自己的爱，同时也能够给予对方一定的空间。

（2）回避型依恋：这种类型的人在爱情中很难建立起特别亲密的关系，既不敢表达对对方的爱，也不敢坦然接受对方对自己的爱。与对方亲密令自己感到有些不舒服，很难完全相信和依靠对方。

（3）焦虑-矛盾型依恋：这种类型的人在爱情中表现出了不安全感，不信任对方，总是怀疑对方对自己的爱；因为怀疑，有时候过于控制对方，让对方缺乏空间感，时间长了双方都感到很累；经常担心自己的伴侣并不真爱自己或不想与自己在一起。

如果在一段关系中属于后两种类型，首先要想办法提高自身的安全感，这样才能建立起一段健康的亲密关系。

二、性心理健康的概述

（一）性心理健康的含义与标准

1. 性心理健康的概念 性心理健康是指个体具有正常的性欲望，能够正确认识性的有关问题，并且具有较强的性适应能力，能和异性进行恰当的交往，在免受性问题困扰的同时，还能使之增进自身人格的完善，促进自身身心健康的发展。

2. 性心理健康的标准 根据性心理健康的内涵，个体的性心理健康应该符合以下标准。

（1）能够正确认识自我，愉快地接纳自己的性别。

（2）具有正常的性欲望。

（3）个体性心理特点和性行为符合相应的性心理发展年龄特征。

（4）具有较强的性适应能力。

（5）能和异性保持和谐的人际关系。

（6）其性行为能增进社会风尚的文明程度。

（二）大学生常见性心理问题及其调适

从发展心理学来看，从青春期开始个体就开始进入性生理发育的高峰期。到了大学生这个阶段，生殖系统发育成熟，个体在生理上已经具备了性行为的能力。性通常可以分为性生理、性心理和性行为三个方面。性生理是性心理的基础，而性行为是性心理的后果，而性心理则是性的核心。按照国内外学者习惯上对青年期的划分，大学生正处在性生理发育趋于成熟、速度开始减慢，而性心理发展正趋激烈的青年早期，因此他们所面临的性问题主要是性心理方面的问题，包括性认知的偏差、性自慰的焦虑、性嫉妒等。

1. 性认知的偏差 随着时代的变迁，人们的观念也在发生着巨大的变化，大学生对性的认识也发生了很多改变，但是也存在着一些偏差。作为大学生要持有正确的性认知，才不至于走极端，引起性心理障碍。

2. 性自慰的焦虑 大学生会产生一定的性需求，但由于其有特殊性，不能及时满足，很多大学生也存在性自慰的现象，也有一部分大学生会因自慰而产生很大的心理压力。如果大学生能以平静的心态对待手淫，既不上瘾成痞，又不内疚懊悔，就不会引起性心理的异常。

3. 性嫉妒 就是对现实或想象的优于自己的性爱竞争者所持怨恨的情感。当同性别的人出现，而自己的性爱对象有被占有或被夺取的可能时，就会产生各种复杂的情感体验和行为。

作为大学生，要不断提高自己的性心理健康水平，让心身更加健康、人格更加完善。

素质拓展训练

素质拓展训练6-1 Zick Rubin爱情与喜欢量表

指导语：爱情和喜欢是两种不同性质的情绪状态，此问卷可以帮助你区分什么是爱情，什么是喜欢。请针对自己的实际情况对下列陈述做出判断，符合记1分，不符合记0分。

1. 他（她）情绪低落的时候，我觉得很重要的职责就是使他快乐起来。（　　）
2. 在所有的事件上我都可以信赖他（她）。（　　）
3. 我觉得要忽略他（她）的过失是一件很容易的事。（　　）
4. 我愿意为他（她）做所有的事情。（　　）
5. 对他（她）有一点占有欲。（　　）
6. 若不能跟他（她）在一起，我觉得非常不幸。（　　）
7. 假使我很孤寂，首先想到的就是要去找他（她）。（　　）
8. 他（她）幸福与否是我很关心的事。（　　）
9. 他（她）不管做什么，我都愿意宽恕。（　　）
10. 我觉得他（她）得到幸福是我的责任。（　　）
11. 当和他（她）在一起时，我发现我什么事都不做，只是用眼睛看着他（她）。（　　）
12. 若我也能让他（她）百分之百地信赖，我觉得十分快乐。（　　）
13. 没有他（她），我觉得难以生活下去。（　　）
14. 当和他（她）在一起时，我发觉好像二人都有相同的心情。（　　）
15. 我认为他（她）非常好。（　　）
16. 我愿意推荐他（她）去做为人尊敬的事。（　　）
17. 以我看来，他（她）特别成熟。（　　）
18. 我对他（她）有高度的信心。（　　）
19. 我觉得大部分人和他（她）相处都对其有很好的印象。（　　）
20. 我觉得他（她）跟我很相似。（　　）
21. 我愿意在班上或团体中，做什么事都投他（她）一票。（　　）
22. 我觉得他（她）是许多人中，容易让别人尊敬的一个。（　　）
23. 我认为他（她）是十二万分聪明的。（　　）
24. 我觉得他（她）在我所有认识的人中，是非常讨人喜欢的。（　　）
25. 他（她）是我很想学的那种人。（　　）
26. 我觉得他（她）非常容易赢得别人的好感。（　　）

结果解释：

将26道题分为两个部分，前13题为爱情部分，后13题为喜欢部分。将前13题（爱情）

得分相加，后13题（喜欢）得分相加，得出两个分数。

比较这两个分数，分数相对高的部分则是感情中表现出的情感，从而判断这份感情是爱情还是喜欢。

第2节 大学生常见的恋爱困扰

案例 6-2

某女大学生小丽非常苦恼，她又跟男朋友分手了。小丽向舍友倾诉，自己谈了三次恋爱了，每次刚开始时男朋友对自己都非常好，但是不知为何，最后都是对方跟自己提出分手。小丽问男朋友为什么要分手。男朋友说："刚开始在一起时，确实感觉非常好。但是你要求太高了，非常敏感。过节日如果忘记给你买礼物，你就大发脾气，觉得心里没有你。时间长了，我心里就特别紧张，每天神经都绷着，思考今天是不是什么节日，害怕忘了你又发脾气。而且一发脾气你就总是说分手。"小丽非常委屈地跟舍友说："我没有真的要分手，我只是试探他而已。我怕他跟我分手。"

问题： 1. 你认为小丽的问题是什么？

2. 试分析是什么原因导致小丽分手？下次恋情小丽应该在哪些方面作出改善？

一、大学生恋爱中的不良心理

（一）缺乏安全感

恋爱中的很多大学生缺乏安全感，尤其是女生比较明显一些。如恋爱中的很多女孩子经常会问男孩子一个问题："你爱我吗？"即使男生给出肯定的回复，女生还是会不确定。如果一个女孩过于频繁地有类似的行为，说明这个女孩子是比较缺乏安全感的，对这段感情不能完全信任，对对方缺乏信心，总是担心对方不爱自己。每个人多多少少都有一些不安全感，但是如果比较严重则会影响彼此之间的感情。

（二）依赖心理

有的大学生从小在家中受到宠爱，被父母过度保护。因此人格不够独立，依赖性比较强。来到大学之后，感觉比较孤单，难以适应，不想一个人去面对很多事情，就急于寻找一段爱情，想找一个人依赖。例如，曾经有一个男生，是家中的独生子，从小娇生惯养，依赖性比较强。来到大学之后，因为依赖性比较强，很快就交了女朋友。男生缺乏主见，什么事情都会寻求父母的意见，如参加不参加某项社团活动等都会给父母打电话。而且男生的生活能力很差，做什么事情都需要女朋友陪同。时间长了，两个人摩擦不断。在爱情中双方都应该保持自己独立的人格，而不是像孩子一样，处处依赖对方。

成熟的人在爱情中更多的是奉献，不成熟的人更多的是索取。埃里克·弗洛姆（Erich Fromm）在《爱的艺术》中谈到，爱情的本质是奉献。可是我们看到很多大学生谈恋爱都是在索取。如经常看到恋爱中的大学生吵架，男生指责女友：你为什么不能像别人的女朋友那样善解人意呢？女生也指责男生：你为什么不能像别人的男朋友那样包容我呢？两个人都是索取，让对方满足自己的需要，而不是考虑对方的需要。

（三）空虚孤独心理

经过了高考的拼搏之后，很多大学生没有了目标，突然觉得比较空虚。尤其是刚入校的大学生，还没有建立起今后的目标。有很多人就用恋爱的方式来弥补内心的空虚，打发多余的时光。尤其是很多大学生离开熟悉的家、熟悉的同学，来到一个陌生的环境里，渴望来自亲密关系的关心和慰藉，寻找一种感情的寄托。

（四）虚荣心理

美国心理学家马斯洛指出，人的需要分为五个层次：生理的需要、安全的需要、爱与归属的需要、尊重的需要和自我实现的需要。有一些大学生通过追求一个令人羡慕的男朋友或女朋友来满足自己自尊的需要。如曾经有一个男生说，当初追求女朋友时，就觉得她长得很漂亮。结果在一起之后，发现彼此之间缺乏共同语言，经常闹矛盾，最终分手。还有些恋爱中的大学生出于虚荣心理，不顾及自己没有经济收入或者超出了自己的承受范围，给对方买昂贵的生日礼物。如有些男生给女生买一些名牌的化妆品、包、衣服等，这在很大程度上也是出于一种虚荣心理。

二、大学生恋爱中存在的问题

（一）单恋

单恋是指对某个异性一厢情愿的爱恋，而对方却不能给予爱的回报或者根本不知道。单恋的对象可能是相处多年的同窗好友，也可能是一个偶然结识的路人。例如，某大学男生说：高中时他喜欢上班里一位女生，但是女生告诉他只可以当好朋友。后来为了追女生，高考后他选择了跟她报考同一所大学。虽然付出了很多，但是女生仍然不喜欢他。

每个人都要学会把握好自己，或者大胆地表达，或者忘记，或者开始新的征程，也要学会接受有些时候我们喜欢对方，但是对方不喜欢我们。当然，每个人都有每个人的方式，适合自己的才是最好的。

（二）失恋

一般意义上所谓的“失恋”是指一个痴情人被其恋爱对象抛弃。失恋引起的主要情绪反应是痛苦与烦恼，大多数人能正确对待和处理这种恋爱受挫现象，愉快地走向新生活。然而也有一些人不能及时排除这种强烈情绪，导致心理失衡，性格反常。我们该如何面对失恋呢？

1. 接纳自己的情绪，发展兴趣爱好 每个人失恋之后，都会有痛苦、失落的感觉。接纳自己的情绪就是接纳自己确实会痛苦一段时间，不用逼迫自己立马好起来，也不用指责自己仍然有痛苦。也可以发展自己的兴趣与爱好，转移注意力。例如，爬山、跑步、参加社团活动、读书等，用积极的方式来充实自己，让自己有积极乐观的情绪状态。

2. 建立合理的认知

（1）接受现实，不过度指责对方。俗话说：一个巴掌拍不响。一段恋情结束了，肯定会有双方面的原因。所以不用过分地指责和抱怨对方，要总结经验，看到问题的原因在哪里，学会为自己的情绪和行为负责任。

（2）调整认知，找到合理的归因。美国心理学家埃利斯提出了合理情绪疗法，又称 ABC 理论。他认为引起我们情绪的决定因素不是这件事情本身而是我们对这件事情的认知，也就是观点和看法。很多大学生失恋后常常有不合理的认知和归因，从而导致自己情绪低落。例如，有一名高三女生失恋了，她非常痛苦，说：“我上高二时跟高三的一个男生谈恋爱。现在我上高三，男朋友上大一。可是男朋友进入大学之后喜欢上了别的女生，跟我分手了。肯定那个女生比我漂亮、肯定那个女生比我优秀，我不够好，所以男朋友才跟我分手。”这个女生痛苦的原因更多的跟不合理的归因有关，如果归因为自己不够好，会让人很痛苦。但是如果归因可能是距离太远了，沟通交流太少等原因导致感情淡了，就不会这么痛苦了。所以一个人从不同角度看待事情，就会引发不同的情绪。

（3）寻求支持，合理宣泄情绪。当我们有情绪时，最好的方式是宣泄出来，而不是压抑。失恋会带来痛苦、愤怒、委屈等一些负面情绪，可以找到适合自己的一些方式宣泄出来。如可以找自己的好朋友倾诉、听音乐、写日记、健身运动等，只要是适合自己的都是可以的。还可以寻求家人或者朋友的支持。一个人的社会支持系统越强大，这个人承受挫折的能力也会越强。也可以找专业的心理咨询师获得帮助。

（三）同性恋

在爱情当中，还有一种特殊的形式，同性恋。同性恋是以同性为性爱对象的心理取向现象。2001 年中华精神科学会对《中国精神疾病分类方案与诊断标准》（CCMD-3）出版，取消了性变态条目，被认为是中国同性恋非病理化的重要标志。只有那些为自己的性取向感到不安而要求改变的人才被列入诊断范围。

素质拓展训练

素质拓展训练 6-2 爱情困扰清单

【活动目的】

通过分组讨论和解决恋爱中出现的各种问题，提高处理恋爱问题的能力。

【活动步骤】

1. 写下你的解决方法。

在恋爱关系中，我们总是会遇到各种各样的困扰和问题，如果遇到下列问题，你会如何解决呢？

A. 如果我在恋爱关系中过度依赖他/她，我会：

（1）____________________

（2）____________________

（3）____________________

B. 如果我忍不住总怀疑他/她不爱我了，我会：

（1）____________________

（2）____________________

（3）____________________

C. 如果我向他/她表白，他/她拒绝了我，我会：

（1）____________________

（2）____________________

（3）____________________

D. 如果他/她向我提出分手，我会：

（1）____________________

（2）____________________

（3）____________________

2. 请同学们分组讨论。

【教师总结】

问题本身不是问题，如何解决问题才是关键。希望同学们通过这次练习能够提高自己解决恋爱问题的能力。

素质拓展训练 6-3　恋爱心理成熟度量表

指导语：男欢女爱本来是人之常情，但是恋爱的艺术并非人人得以掌握。你的恋爱心理发展到了什么程度？请据实自测。

1. 你认为恋爱是为了（　　）

a. 找到一个情投意合的伴侣　　b. 成家过日子，抚育儿女

c. 满足性的需要　　d. 刺激有趣好玩

2. 你喜欢的异性是（　　）

（女性选择）a. 英俊潇洒，有男人魅力　　b. 有钱有势有能力

c. 人品好　　d. 爱自己的，其余的无所谓

（男性选择）a. 漂亮性感，有女人魅力　　b. 贤惠能干，善于理家

c. 温柔体贴，人品好　　d. 只要有爱，其余的无所谓

3. 你和恋人确立恋爱关系是因为（　　）

a. 条件般配　　b. 我比对方优越　　c. 对方比我优越　　d. 没想过

4. 你希望恋爱这样开始（　　）

a. 一见钟情　　b. 青梅竹马　　c. 在工作（学习）中逐渐产生　　d. 经人介绍

5. 让爱情更深一点的良策是（　　）

a. 极力讨好取悦对方　　b. 尽力使自己变得更完美

c. 欲擒故纵　　d. 爱情是缘分，无计可施

6. 当恋人暴露出一些缺点和不足时，你会（　　）

a. 委婉告知并帮其改进　　b. 震惊意外，对其加以指责

c. 嫌弃动摇，怀疑爱情　　d. 无所谓

7. 当一位比你目前恋人更优秀的异性对你表示爱慕时，你会（　　）

a. 离开恋人接受其爱　　b. 将其恋情淡化为友情

c. 瞒着恋人与其往来　　d. 为迟到的爱后悔痛苦

8. 当你倾慕的异性另有所爱时，你会（　　）

a. 一如既往地待他（她），等其觉悟　　b. 参与竞争，力争夺取

c. 抽身止步，成人之美　　d. 整日后悔痛苦

9. 恋爱中的波折矛盾是（　　）

a. 必然又必需的　　b. 对恋爱的否定　　c. 无聊的　　d. 束手无策的痛苦经历

10. 由于种种原因，你的恋爱失败，对方提出分手，你会（　　）

a. 千方百计抓住他（她）　　b. 到处诋毁对方名誉

c. 说声再见，各奔前程　　d. 矛盾痛苦不知所措

11. 进入大龄的单身贵族队列，你的恋爱态度会（　　）

a. 一如从前，宁缺毋滥　　b. 放弃追求，随便凑合一个

c. 重订更现实的择偶标准　　d. 不谈爱情

总分为每题得分相加。

计分方法：

1. a. 3；b. 2；c. 1；d. 1　　2.（女性）a. 2；b. 1；c. 3；d. 1（男性）a. 2；b. 2；c. 3；d. 1

3. a. 3；b. 2；c. 1；d. 0　　4. a. 2；b. 1；c. 3；d. 1

5. a. 1；b. 3；c. 2；d. 0　　6. a. 3；b. 2；c. 0；d. 1

7. a. 2；b. 3；c. 1；d. 0　　8. a. 2；b. 1；c. 3；d. 0

9. a. 3；b. 0；c. 2；d. 1　　10. a. 2；b. 0；c. 3；d. 1

11. a. 1；b. 2；c. 3；d. 0

结果解释：

得分 26～33 分，圆熟型。恋爱心理非常成熟。懂得爱的真谛，向往爱又能在现实中实现爱。就像一名竞技状态良好的运动选手，你能够在爱情面前轻松舒展，游刃有余；更可贵的是即使直面失败也有良好的心态。你的恋爱和婚姻一定很美满幸福。

得分 18～25 分，正熟型。渴望爱的垂青，然而常会屡屡失误，一时难以如愿。校正一下恋爱指针，太过浪漫多一些现实，太现实的多一些浪漫温馨情调，幸福快乐已在眼前了。

得分 9～17 分，待熟型。恋爱和婚姻是人生的一门必修课，要取得好的成绩单单凭热情是不够的，还得专心修习，从理论到实践，再从实践到理论，一点一滴，终会水滴石穿。

得分 3～8 分，青涩型。爱情对你而言是迷宫，是八卦阵，是氤氲可怖的夜景，或者是平淡苍白的荒漠。让心理轻松开放些，爱的光线会缓缓照射进来，那时你才能体会到柔情温暖。

第 3 节　培养爱的能力

案例 6-3

某大学有一对恋人。此女生对待男朋友非常好，什么都替对方着想，为对方付出很多。如女生给男生洗衣服，帮男生买早饭、占座位等。而且女生会给男生买衣服，买一些名牌且质量特别好的衣服，可是对自己却舍不得花钱。女生在恋爱关系里也属于忍让的那一方，一般跟男生吵架，女生都是特别包容的一方，以至于自己有什么想法也很少说出来，受了很多委屈。

问题： 1. 你认同这个女生的做法吗？

2. 谈谈如果你是这个女孩的好朋友，你会建议她从哪些方面作出调整？

一、学会爱自己

当一个人不了解自己时，也无法了解别人。只有认识自己，才能认识别人，只有接纳自己，才能接纳别人。你怎么样对待自己，就会怎么样对待别人。一个人只有学会爱自己，才能学会爱别人。那么如何才能爱自己呢？

（一）认识自己，了解自己的需要

爱是一种高级情感，所有的情绪和情感背后都存在着自己的某种需要。所以看到自己的需要，满足自己的需要，是爱自己的基本要求。人的需要可以分为生理需要和心理需要。著名的心理治疗师弗吉尼娅·萨提亚（Virginia Satir）女士提出，大家有一些共同的心理需要，如每个人都需要安全感、价值感、被认可的需要、爱与被爱的需要、与人联结的需要、被重视的需要、无条件接纳的需要等。只是每个人满足需要的方式或者表达需要的方式是不同的。盖瑞·查普

曼（Gary Chapman）所著的《爱的五种语言：创造完美的两性沟通》这本书中提到，每个人表达爱的方式不同，有五种爱的语言。

爱语一：肯定的言辞。每个人都需要被人欣赏。对于某些人来说特别需要通过对她（他）的肯定的语言来表达爱。尤其对那些安全感低、有自卑情绪模式的人。而这时，如果恋人能给予一些鼓励的话语，往往会激发出对方极大的潜力。

爱语二：精心的时刻。有些人在表达爱这方面更注重的是一些高质量的陪伴或者在一起的时刻。你是否留意过，一起用餐的男女，处于婚前约会阶段和已婚阶段非常不同。前者彼此注目，后者则东张西望。所以，称得上精心的时刻必须是全神贯注地交谈，或是一顿只有你们两人的烛光晚餐，也可以是手拉手地散步。

爱语三：接受礼物。礼物是爱的视觉象征。它可以是买来的也可以是自己做的。礼物不一定多么贵重，贵在用心。礼物是一件提醒对方"我还爱着你"的东西，事实上，这是最容易学习的爱的语言之一。

爱语四：服务的行动。这是指做恋人想要你做的事，你替他（她）服务因而使他（她）高兴，表示对他（她）的爱。通过做事情表达爱，而不是通过语言表达爱。

爱语五：身体的接触。肢体接触是人类感情沟通的一种微妙方式，也是爱的表达的有力工具。如牵手、亲吻、拥抱、抚摸都是身体的接触。对有些人来说，身体的接触是他们最主要的爱的语言。缺少了它，他们就感觉不到爱了。

识别自己的需要，满足自己的需要，是爱自己很重要的一点。有人说如果你想要好好爱自己，那么跟自己谈一场恋爱吧！如何对待自己的恋人，就如何对待自己。如果你的恋人遇到挫折了，你是如何安慰他的？那么当你遇到挫折之后，也这样对待自己。你可能会很温柔地给他一些支持和鼓励，那么请你也温柔地鼓励和支持自己。如何对待对方，你就学习如何用同样的态度来对待自己。

学会自己满足自己的需要，而不是通过对方满足自己的需要。在很多的时候我们经常会渴望有另外一个人来满足自己的心理需要。当我们是一个小孩子时，我们渴望父母能够表扬我们、肯定我们，我们会想方设法表现自己。当我们是一个学生时，我们会努力学习，希望获得家长、老师的肯定、同学的认同。当我们谈恋爱时，我们需要我们的恋人能够包容我们、爱我们、肯定我们。通过别人来满足我们的需要是可以的，但如果完全靠别人，缺乏自己满足自己的能力，则会形成过度依赖。过分在意别人的眼光和评价，有些人会变得非常敏感，而且缺乏安全感。所以我们要学习自己爱自己，自己满足自己的需要。就像一个人饿了，不能总是等着别人给他做饭吃。所以每个人都要发展出自己做饭的能力，学习自己照顾自己。只有自己饱了，会做饭了，才可能给别人做饭，也就是才会去爱别人。

链接 爱自己的七个层次

第一个层次：吃好、喝好、睡好、冷暖照顾好，健康长寿。

第二个层次：收拾打扮好自己，补充自己的知识面，去接受文化艺术的熏陶，做个讲卫生、得体、有礼貌、有美感、热爱生活的人。

第三个层次：接受自己的出身，接受自己的容貌，接受自己目前的境况。

第四个层次：正确对待自己的情绪，允许它们的存在，重视它们的表达，接受它们的暴发。慢慢学习与之相处，疏导、不抗拒、不评判、放松观察它们的走向。

第五个层次：去沉思、觉察情绪背后的原因，这些原因来自哪些原始伤痛，直视伤痛和拥抱伤痛。

第六个层次：我们身体的每个细胞都有许多记忆和印痕，每一个情绪都是这些古老印痕的表达，其实每一种情绪就是一个众生。与每种情绪和解、深深地爱上每种情绪。

第七个层次：我们经由爱自己，走向爱自己体内的众生，走向爱外在的众生，从而开始了真正的合一。

（二）接纳自己的不完美

这个世界上没有完美的人，每个人都有自己的优点和缺点，都有快乐的时候，也都有痛苦的时候。从内心深处来讲，我们都在追求做一个完整的人。有些看似是缺点的东西，甚至你很讨厌或者不喜欢的东西，其实可能在自己成长过程中曾经是必需的或者是来保护自己的，对你有很重要的意义。如有一个学生比较胆小，容易害怕，他很讨厌自己胆小怕事的性格，但是这种胆小怕事的性格却曾经对他来说非常重要，保护了他免受暴躁父亲的殴打。从小哥哥非常调皮，经常闯祸，父亲脾气一直非常暴躁，每次哥哥回来，父亲都会把哥哥打一顿。后来他慢慢长大了，有一天他也跟着哥哥出去疯玩了，没想到父亲不仅把哥哥揍了一顿，也把他揍了一顿。从此之后他就再也不敢做出格的事了，变得比较乖，比较胆小，害怕惹事。在今天看来，这个特点影响了他的某些事情，但是曾经对他来说这是保护他的一种方式。他今天要做的不是去排斥自己胆小怕事的性格，从另一个角度来讲也是做事认真、细心、谨慎的表现。他可以去选择有些事情谨慎，有些事情大胆行事。我们不仅要爱自己阳光的一面，也要接纳自己阴暗的一面，在不同的情况下合理地运用它，这样才是真正地爱自己。

（三）看到自己的美好和价值

世界上没有两片一模一样的树叶，也没有两个人是一模一样的。每个人都是独一无二的，每个人都是一个活生生的生命。一个婴儿刚出生时，不是一张白纸，而是一粒种子。这粒种子包含了它将来长成某种植物的所有的可能性，如果是一颗苹果树的种子将来就会长成为苹果树，如果是一颗梨树种子将来长大就能成为一棵梨树。一个婴儿在出生时，也包含了将来成长为什么样子的某种可能性，包括他的长相、脾气秉性、兴趣爱好等。当然一粒种子如果能顺利地成长，需要阳光、空气、水分等。一个婴儿能顺利长大，也需要爸爸妈妈精心的呵护和教育。但是每个生命内在都有他本来的一些潜力和潜能，每个人将来都会有自己的价值。每个人作为一个生命都是独特的、可爱的、美好的。

人的价值分为两种，生命价值（个人价值）和社会价值。从生命价值来讲，人人都是平等的。每个人都是一个独特的生命，这个生命有自己的思想、情绪情感、人生经历，都是平凡而伟大的存在。每个人都是足够好的，都是非常有价值的。但是从社会价值来看，每个人做的事情、从事的职业等又是不同的，成就也有大小之分。如有些知名人物的影响力要大于普通人。很多大学生经常会混淆自己的生命价值和社会价值，从生命价值来讲每个人都是独特的、可爱的、美好的、足够的。所以某件事没做好或者没有达到自己的期待，只是这件事情没有达到自己的目标或者期待，找找原因，争取下次做得更好一点。

二、学会爱他人

我们学会了爱自己，也要学习如何爱他人。

（一）看到对方的需要

爱自己的一个方面就是看到自己的需要，爱别人的一个方面就是看到对方的需要。有人说中年妇女的唠叨就是小女孩的哭泣。当小女孩没有得到自己想要的东西时，就会哭。但是中年妇女如果没有得到满足，不能哭，常常通过唠叨来表达不满。所以如果我们的父母总是唠叨，我们要考虑一下最近是不是忽视了他们的感受了，是不是他们有什么需要我们没有注意到。例如，有一位女士想利用假期和老公孩子一起出去玩，可是妈妈很不开心，甚至抱怨自己的女儿心里没有自己了。我们看到了这位妈妈的需要，她很渴望女儿爱自己，重视自己，陪伴自己，此时我们要及时满足对方的需要。

男性和女性表达感情的方式也是有很大差异的。女性喜欢通过语言来表达情感，男性喜欢通过行动来表达感情。所以恋爱中的人经常会出现一些沟通上的问题。例如，某大学有一对恋人晚上一块在校园里散步，回到宿舍后，男生非常开心地说："今天真幸福，跟女朋友一块散步了。"可是女生回到宿舍却很郁闷，跟舍友说："今天散了一晚上步，那头大水牛一句话都没说，气死我了。"男生和女生满足需求的方式是不同的，要看到对方的方式，用适合对方的方式来满足对方的需要。

（二）尊重与接纳对方，帮助对方成长

当我们爱一个人时，更要去尊重对方。尊重对方的思想、观点、情绪、情感和需要，尊重对方的个性、对方的独特性，而不是把他（她）变成自己理想中的样子。

爱是需要经营的，一份和谐的关系更是需要努力耕耘的。很多大学生在与他人出现矛盾的时候，就觉得是自己爱错了人，或者两个人不合适。很多时候并不是找到了合适的人后就没有任何问题了，而是要开始经营一段关系了。

只有自己有爱自己的能力，有让自己快乐的能力，才能更好地把这份爱和快乐传播出去。如果我们肯定对方，对方就更能看到自己的优点。如果我们信任对方，经由我们的信任，对方更加相信自己。如果我们爱对方，经由我们的爱，对方学会更好地爱自己。这样的关系才是和谐的，是能够促进双方成长的健康的关系。

希望每个人都懂得爱，学会爱，充满爱。

素质拓展训练

素质拓展训练 6-4 学习爱自己

【活动目的】

通过练习了解自己的需要，提高爱自己的能力。

【活动步骤】

1. 每天早上起来，对着镜子里的自己真诚地说："我是可爱的，我是独特的，我是复杂的，因为我，这个世界变得更美好。我爱我自己！"也可以根据自己的感受有不同的语言。

2. 对着镜子里的自己，问问自己："我需要什么？我还有什么特别想做的事情还没有做？"列出自己的需要，尽量去满足自己。

【教师总结】

爱自己就是要了解自己，了解自己的需要，满足自己的合理需要是爱自己的一种途径。可以通过不断肯定自己的方法，更好地悦纳自己，从而更好地爱自己。

素质拓展训练 6-5 给自己的一封信

【活动目的】

反思自己成长中的得失，更好地关爱自己。

【活动步骤】

在生活中，我们一直忙忙碌碌，很少有时间思考自己是如何对待自己的。有没有看到自己的努力？有没有看到自己有时候对自己非常苛刻？有没有看到自己很多时候忽视了自己的感受？有没有看到自己需要被温柔地对待？

请同学们用心给自己写一封信，写一写过去的成绩是什么，有什么后悔的事情，将来有什么理想。

【教师总结】

每个人的成长都不是一帆风顺的，都会经历各种挫折和困难，也会有收获和成长。我们要经常反思自己，并且用接纳、宽容、关爱、肯定的态度对待自己。

本章小结

本章介绍了什么是爱情，如何区分爱情和喜欢，以及常见的几种爱情理论；性心理健康和大学生常见性心理问题及其调适；了解大学生常见的恋爱困扰，如何正确地对待失恋；最后要学会爱自己，知道如何爱自己，如何爱他人。

收获与成长

通过本章的学习，我收获了____

____

____

____

____

自测题

1. 请探索一下你的爱情观，你是怎样理解爱情的？
2. 根据所学知识分析在恋爱中常遇到哪些问题，并提出你的解决方案。

（李静静）

第 7 章
大学生网络心理与问题应对

互联网在中国获得了飞速发展，据第 44 次《中国互联网发展状况统计报告》，截至 2019 年 6 月，我国网民规模达 8.54 亿，其中 20～29 岁网民群体占比最高，达 24.6%，受过大学专科教育的群体占比为 10.5%。在网民群体中，学生最多，占比为 26.0%。网络给大学生呈现了一个异彩纷呈的世界，已成为大学生越来越推崇的沟通和消遣方式。但由于网络特有的隐秘性与虚拟性，某些时候网络也会成为诱发心理问题的原因。不少沉迷于网络的大学生会出现在现实生活中难以觉察的心理问题。因此，大学生网络心理健康已经成为大学生心理健康的重要内容，也是大学生不得不面临和解决的现实课题。

第 1 节　大学生网络心理概述

案例　7-1

小李为即将毕业的大四学生，看着宿舍里一大堆“鸡肋”物品发愁、一日正在网上抒发离别感伤之情，灵光一现，于是一条广告跃然网上：“毕业跳楼价，现有××、××、××、××等若干，有意者请与×楼×宿舍联系，从速。”一小时后宿舍门庭若市。几天过后，所有“鸡肋”已经全部处理完毕。

问题： 结合以上案例谈谈你的网络生活。

一、大学生网络心理行为特点

随着互联网技术的发展，网络展现了其他传统信息媒介无法替代的特点，特别是近几年移动互联网的普及，更使网络成为大学生学习和生活不可或缺的重要部分。大学生主要利用网络来进行网上聊天、社交、搜集信息、网上娱乐和创业等。在这种网络大环境下，大学生的心理和行为展现出新的特点。

（一）网络社交活跃

随着网络的发展，社交网站日益受到大学生的青睐。大学生渴望能获得友谊，同时喜欢对自己情绪有触动的人或事进行吐槽，也喜欢与朋友交流思想，共享网上资源。

（二）网络娱乐普遍

开放的网络平台提供了丰富多样的娱乐资源，在一定程度上丰富了课余生活，尤其是网络音乐、网络影视和网络游戏。有些学生热衷于网络游戏，部分学生每周玩游戏不少于 3 次，部分学生每天都会玩网络游戏，甚至因沉溺于网络游戏而影响甚至荒废学业。

（三）网络消费多元

随着网络生活的深入，大学生很快接受了便捷、实惠、方便的网上消费方式。他们在网上购买学习用品、衣服、鞋子、包等生活用品，以及购买车票、电影票、电子数码产品等，并利用网络点餐、预订房间住宿等。

（四）网络学习利用率高

网络资源丰富，通过网络学习经济、实惠、便利。随着在线教育的不断普及，越来越多的大学生利用网络进行学习。在线教育中，学生在教师的引导下，通过师生互动、学生合作来实现教育目标。文忠波等（2019）对攀枝花学院学生进行调查发现，70%以上的学生选择在网上搜索和下载学习资料，了解所学专业的前沿动态。

二、大学生网络心理健康标准

网络心理健康是指在网络环境下，人的基本心理活动过程的内容完整、协调一致，即认知、情感、意志、行为、人格完整和协调。大学生网络心理健康标准包括以下几个方面。

（一）具有正确的网络心理健康意识或观念

拥有正确的网络心理健康意识的学生对网络既不依赖也不完全拒绝，能合理安排时间，具有良好的网络使用习惯，对网络信息具有辨别真伪的能力，了解各种网络心理障碍的主要表现、判断标准，具有自我控制能力和良好的网络道德及法制观念。

（二）保持网上网下人格的和谐统一

由于网络环境具有身份虚拟性、想象性、多样性和随意性等特点，导致大学生产生双重人格或多重人格的困扰。网络双重人格指个体在网络中和现实中的情感、态度、知觉和行为等方面有所不同，有时甚至是处在剧烈的对立面。因此心理健康的人必须有正确恰当的自我意识，能保持网上网下人格和谐统一，同时在虚拟性与现实性之间能够做到以现实性为主。

（三）网上网下均能保持良好的情绪、人际交往能力与环境适应能力

网络心理健康的大学生表现为无论在虚拟社会还是现实社会中，积极情绪总是多于消极情绪，能正确而恰如其分地表达自己的情绪。具有正常的人际交往、人际关系协调能力，能以平静的心态面对网上不友善的交往，能够与周围环境保持良好的互动，社会适应良好，言行符合社会规范。

（四）网络使用不影响正常的工作学习

网络心理健康的大学生能有效地进行自我教育和自我管理，控制自己使用网络的时间，在不影响自己正常生活、学习、工作的情况下使用网络，不逃避现实生活，不将网络当作唯一的精神寄托，尤其是在现实生活中受挫后，不只依靠网络缓解压力或焦虑，能主动寻求现实社会中的支持，勇敢地面对现实生活。

（五）网络离线时身体没有明显不适

不健康的网络行为方式往往会导致网络成瘾等网络身心障碍，离线时产生诸多的身心不适应，因此，网络心理健康还要求离线时身体没有明显不适。

素质拓展训练

素质拓展训练 7-1 网络利弊辩论赛

【活动目的】

通过辩论明晰网络的利弊。

【活动步骤】

1. 全班同学根据自己的意愿自愿分成正方和反方，按照辩论赛的规则组织一场关于网络利

弊的辩论赛。

正方：网络利大于弊。

反方：网络弊大于利。

2. 辩论结束后，正方与反方分别总结，在这场辩论赛中自己的观点有没有被动摇，都学到了什么，有什么收获。

【教师总结】

网络给我们的学习生活既带来了有利的方面，也带来了弊端。所有同学应该学会正确地应用网络，而不是沉迷于网络，被其所控制。

第2节　大学生常见的网络心理及问题

案例　7-2

小张上大学后，发现大学的课业相对轻松，便经常在网上消磨时间。最近迷恋上了网络游戏，经常打游戏打到深夜。白天上课常常犯困睡觉，经常被老师批评，后来索性不去上课了。就这样小张白天在宿舍睡觉，晚上上网打游戏，课程无法完成，学期结束，四门专业课都“挂科”，学业预警通知家长。虽然小张表面上答应一定放弃游戏好好学习，但是仍然沉迷游戏，荒废学业。

问题： 1. 小张出现的网络心理问题是什么？

2. 导致他产生问题的原因是什么？

一、大学生的网络心理

大学生作为最大的网络群体，网络既给他们带来了全新的观念、丰富的知识和创新的思维，也对其行为模式、价值取向、心理发展等产生巨大冲击，正确认识大学生网络心理是非常必要的。

大学生网络心理可以分为积极与消极两大方面。

（一）积极的心理需求

1. 强烈的求知欲与求新心理　大学生处于求知欲特别强的时期，对新奇事物特别感兴趣。互联网以其信息传播速度快、内容新、手段先进等优势极大地吸引着绝大部分大学生的关注，激发他们学习和掌握网络知识和应用该项技能的愿望。

2. 自由平等的参与意识与自我实现的欲望　网络自由平等的氛围适应了对自由、平等呼声最高的大学生群体。在网络中，各种限制都消失了，任何人都可以按自己的意愿在合理范围内做自己想做的事情。

3. 追求开放性与多元性　网络中，各种文化、思想、观念都可以存在，这就为大学生追求开放性和多元性文化和观念提供了平台。

（二）消极的心理需求

1. 猎奇心理，追求刺激　很大一部分学生上网的目的是找寻一种在现实生活中难以了解，通过正当渠道难以获取的事物或信息，并借以获得感官刺激。他们往往会出于好奇或冲动的心理而去寻找一些色情、暴力信息。

2. 宣泄欲求 在互联网上，由于不用担心会受到限制或承担责任，所以会随意发表自己的意见、想法。平时不敢说出来的意见会在网络上提出来，平时不敢对异性表达的感情则会在网络上抒发出来。因此网络成了宣泄自己欲求的场所。

3. 逃避心理 大学生在大学生活中会遇到各种各样的挫折和危机，同时复杂的社会生活也会使思想相对不成熟的青年大学生感到难以应对。网络信息非常丰富，但其中宣扬的生活方式、价值观念却可能是失真、夸大甚至虚构的，与现实社会格格不入。但遗憾的是，部分大学生受挫时往往愿意到虚幻的网络空间倾诉，互联网成了他们逃避现实、寻求自我解脱的地方。

4. 虚拟的自我实现 虚拟的网络让部分大学生体会到了虚幻的自我实现。他们在网络上突破社会及他人对自己行为的指正与评价，扫除压力、压抑和孤独，追求自身价值实现。有些大学生不能很好地理解自我实现、自我价值的真实含义，往往意图在网络中“大展拳脚”。他们为了展现自己的能力，大胆地制造网络病毒，盗用他人信息，窥探他人隐私，通过银行卡和信用卡盗窃和诈骗，给社会和他人带来严重的损失。

5. 从众模仿 部分学生进入大学后丧失了求学的目标与动力，导致在学习、生活中无所适从，当他们看到很多同学不停地进行网聊、网恋、网游、网购时极易被吸引，产生从众和模仿心理。

6. 补偿心理 大学生自身社会经验不足，自我意识尚未完善，适应能力不强，使得他们的网络行为具有明显的“补偿”特征：一是渴求按自己的理想去设计自身；二是并不想去适应社会而是希望社会提供“理想环境”。大学生到网络上寻求心理补偿，更容易找到自己的理想世界，更容易宣泄自己的情感，获得在现实社会中难以获得的各种成功体验。

二、大学生常见的网络心理问题

网络的使用是一把双刃剑，网络给大学生带来种种便利的同时也导致了诸多问题的产生。大学生如果沉迷于“网上冲浪”、网络游戏，长期处于网络的虚拟环境中，就容易出现各种网络心理问题，主要包括网络依赖、网络成瘾、网络孤独、网络人格障碍等。

（一）网络依赖

网络依赖的产生是大学生自身辨别能力的有限与网络空间无限之间的巨大反差造成的。网络内容以其超出想象的刺激性和娱乐性极易使人上瘾。一些大学生自控力较弱，模仿能力较强，上网后极易沉浸于虚拟世界而不能自拔。他们往往长时间进行网络游戏、微信聊天、淘宝购物，醉心于信息搜索、刷屏、网上猎奇，造成对网络的过度依赖。

产生网络依赖的学生无意识地将网络看成自己组好的“家”，把上网当成人生最大的快乐，从而影响到正常的学习、生活和工作。

（二）上网成瘾

如果不能控制对网络的依赖，就很容易发展成为上网成瘾。上网成瘾的表现为过度使用网络而造成沮丧，或是造成学业、工作、社会和家庭等身心功能的减弱或损害。我国制定的《网络成瘾临床诊断标准》中认为网络成瘾的症状表现有以下几方面。

1. 对网络的使用有强烈的渴望或冲动感。

2. 减少或停止上网时会出现周身不适、烦躁、易激怒、注意力不集中、睡眠障碍等戒断反应。上述戒断反应可通过使用其他类似的电子媒介（如电视、掌上游戏机等）来缓解。

3. 下述五条内至少符合一条。

（1）为达到满足感而不断增加使用网络的时间和投入的程度。

（2）使用网络的开始、结束及持续时间难以控制，经多次努力后均未成功。

（3）固执地使用网络而不顾其明显的危害性后果，即使知道网络使用的危害仍难以停止。

（4）因使用网络而减少或放弃了其他乐趣、娱乐或社交活动。

（5）将使用网络作为一种逃避问题或缓解不良情绪的途径。

网络成瘾的病程标准为平均每日非工作学习目的连续使用网络时间达到或超过 6 个小时，且符合症状标准已达到或超过 3 个月。

网络成瘾与吸烟、喝酒甚至吸毒等上瘾行为非常类似，只要上网就兴奋异常，上不了网就十分难受。如果在网络成瘾的基础上，伴发了焦虑症、抑郁症、强迫症或人格改变，则成为网络成瘾综合征。

（三）网络孤独

网络孤独是指过分关注人机对话，忽视或逃避个人与社会及他人的交往，远离周围伙伴、家人及朋友，从而导致孤僻、冷漠，甚至出现自残的念头或行为等。部分大学生由于花费大量时间、精力在网络中，与网友、游戏中的盟友打得热火朝天，而对于现实中的亲人、朋友则漠不关心，久而久之会出现对现实世界的逃避和人际交往能力的缺失。网络孤独多发生在性格内向的人身上，其典型表现是沉迷于网络，脱离现实，寡言少语，情绪抑郁，回避社交，人际关系淡漠。一般来说，那些性格内向、自卑、敏感、喜欢独处、害怕拒绝他人、人际交往能力弱或是交往受挫的大学生更容易产生网络孤独。

（四）网络人格障碍

网络人格障碍是指在网络中偏离了社会文化期望，并以一种非正常的行为方式或内心体验与他人交往所形成的网络人格。网络人际交往可能诱发各种人格障碍，如攻击型人格障碍、双重人格或多重人格障碍等。由于网络的匿名性，大学生在网络中会养成攻击性言行特点，形成攻击性人格。双重或多重人格是指在一个人身上出现双重或多重人格，在不同时间与地点交替出现。部分大学生在网上进行人际交往时经常扮演与自己实际身份和性格相差悬殊甚至截然相反的虚拟角色。有的学生还同时拥有多个分别代表着不同身份和性格特点的网络角色。在这种情况下，很多大学生经常面临网上网下判若两人或多重角色差异和角色冲突。当多重角色之间的冲突达到一定程度或角色转换过于频繁时，就会出现心理危机，导致双重或多重人格障碍。

素质拓展训练

素质拓展训练 7-2　青少年上网成瘾自评量表（刘炳伦等编制）

指导语： 请认真回答下表的内容。下列每一道题有 5 个备选答案，请用"√"标出你的意向选择。

性别：　　年龄：　　文化程度：　　第一次上网时间：　　年　　月

	没有	不一定	有一点	大部分	总是
1. 我上网时间太长或上网次数太多。	（　）	（　）	（　）	（　）	（　）
2. 我常不由自主地想起或梦见网上的内容。	（　）	（　）	（　）	（　）	（　）
3. 我感到平时处处不如别人才上网的。	（　）	（　）	（　）	（　）	（　）
4. 我上网经常超过 4 小时。	（　）	（　）	（　）	（　）	（　）
5. 我曾试过少花点时间上网却做不到。	（　）	（　）	（　）	（　）	（　）

续表

	没有	不一定	有一点	大部分	总是
6. 我比以前要增加上网时间才能得到满足。	( )	( )	( )	( )	( )
7. 我平均每周上网时间比前段时间增加了。	( )	( )	( )	( )	( )
8. 我减少上网时间就心烦意乱。	( )	( )	( )	( )	( )
9. 我减少上网时间就手指发抖。	( )	( )	( )	( )	( )
10. 我减少上网时间就不高兴。	( )	( )	( )	( )	( )
11. 我减少上网时间做其他事情就不安心。	( )	( )	( )	( )	( )
12. 我控制不住自己上网的冲动。	( )	( )	( )	( )	( )
13. 我在网上经常忘了时间过了多久。	( )	( )	( )	( )	( )
14. 我是平时朋友比较少才上网的。	( )	( )	( )	( )	( )
15. 我常对别人隐瞒自己上网时间太长。	( )	( )	( )	( )	( )
16. 我是长期心情低落才上网的。	( )	( )	( )	( )	( )
17. 平时与人说话紧张是我上网的原因之一。	( )	( )	( )	( )	( )

评分规则：

青少年上网成瘾自评表包括网络成瘾症状和网络成瘾诱因 2 个维度，共 17 个条目。采用 5 级评分法，没有=1 分，不一定=2 分，有一点=3 分，大部分=4 分，总是=5 分。

结果解释：

17 个条目总分大于 45 分即表明上网已经成瘾，分数的高低反映了成瘾的严重程度。

网络成瘾症状：由条目 1、2、4、5、6、7、8、9、10、11、12、13、15 组成，反映了网络成瘾耐受性、渴求上网冲动、网络成瘾戒断反应及时间控制等临床特征。

网络成瘾诱因：由条目 3、14、16、17 组成，反映了自卑、孤独、抑郁、社交焦虑等心理问题成为上网成瘾的高危因素。

第 3 节　大学生网络心理问题应对

网络应用不当虽然会给大学生的成长与发展带来很大的问题与障碍，但网络不是洪水猛兽，解决网络问题宜疏不宜堵。我们应该采取积极的应对措施，努力构建起处理网络心理问题解决的长效机制，促进当代大学生网络心理的健康成长。

一、强化思想政治教育

中共中央、国务院印发的《中长期青年发展规划（2016—2025 年）》特别强调要“把互联网作为开展青年思想教育的重要阵地，引导青年科学、依法、文明、理性用网”。加强大学生网络思想政治教育，落实立德树人的根本任务，充分提高大学生对网络的认识、理解、批判和利用的能力。面对网络中繁杂的信息，学生能够坚持客观辩证的精神进行理性甄别，自觉进行价值排序、价值判断和价值选择；面对复杂的网络舆情，学生也能坚定自我，独立判断，客观而准确地表达意见；面对丰富的网络生活，也能理性地处理自我与网络技术之间的关系。

二、提高网络认识

互联网是一把“双刃剑”，网络既能给我们带来便捷的生活和丰富的资讯，也同时又让人沉醉、迷茫。大学生应该看到网络只是一个工具，对网络的滥用会危及我们的生活；应认清网络社会并非真实的社会，网上暂时的成功并非真实的成功，虚拟的情感宣泄与满足也并非能得到真正的快乐。

夸大网络的功能并进而认为网络是解决一切问题的灵丹妙药或认为网络只能带来迷失、欺骗、秩序紊乱而否定网络的认识都是错误的。大学生只有对网络树立正确的认知，才可能正确应用网络，准确地把握自我，认清自己的真实需要，处理好现实社会与虚拟社会的关系，避免不良网络心理问题的产生。

三、培养良好网络习惯

（一）养成良好的上网行为习惯

良好的上网行为习惯主要指大学生上网的时间、频率及各种安排应当合理，并做到行为文明。上网之前先定目标，每次上网之前花两分钟把具体要完成的任务列在纸上。罗列任务后估计一下大概需要多长时间，然后设定闹钟，到时间看看进展如何，及时调整自己的计划和速度，准时下网。大学生要合理安排日常的学习、娱乐、生活等事件，多参加一些有益身心健康发展的社会活动，保持一定的生活规律。

（二）养成健全的网络自我意识和网络人格

网络自我意识是人在网络这个环境中的一种特殊的自我认知。大学生在网络中必须清楚地意识到："我"是什么？"它"是什么？"网络"是什么？"我们"的关系是什么？对这些问题必须有明确的认识。

健全的网络人格是指在使用网络时能保持健全的人格，即保持适宜的人际关系、稳定乐观的情绪、协调的人格结构等。只有具备良好的自我意识和健全的人格，才能同时适应网络和现实社会。

（三）培养优雅的网络情趣和审美格调

面对网络上良莠不齐、充满诱惑的内容，大学生必须在提高辨别能力的同时提高自己的审美能力，在网络环境中保持高雅的格调和较高的审美能力。拒绝使用格调低俗的语言，不要观看内容庸俗的信息，不要发表不堪入目的言论等。大学生应提高包括网络图片、文字、广告、影视、风土人情在内的信息审美情趣和文化审美情绪。

四、加强网络文化建设

良好的网络环境培育健全的人格，恶劣的网络环境导致有缺陷的人格。为了保障大学生网络心理的健康发展，需要优化网络环境，提供一个良好的网络平台。同时要加快对网络信息控制技术的研究，净化网络信息，加强对网络信息的监管；以先进的思想与文化教育大学生；适应网络时代特点，积极开展各种有益的网络活动，培养自身鉴别是非的能力。

素质拓展训练

素质拓展训练 7-3 如何安全、健康地使用网络

【活动目的】

1. 明确互联网对在校大学生的影响。
2. 正确对待互联网，并能充分利用网络资源。

【活动步骤】

1. 将同学分成两组，采用积分制，从网络安全、网络健康、网络文明三个主题对所收集的网络实例进行阐述。

2. 主持人引导两组同学从如何安全、健康地使用网络分别发表意见。

【教师总结】

大家通过讨论，从网络安全、网络健康和网络文明三个方面总结了如何充分利用网络资源，正确、安全地使用互联网。

本章小结

本章以促进大学生理解网络对自身心理发展的影响，以及培养健康的网络心理为目的，介绍了大学生网络心理健康标准、常见网络心理分析、常见网络心理问题的表现及成因，以及积极网络心理建设的举措。通过学习让当代大学生融入和适应现实的社会生活，真正让大学生驾驭网络这一科技的载体，扬长避短，一往无前，迅速成长。

收获与成长

通过本章的学习，我收获了____

____

____

____

____

自测题

1. 请简述网络成瘾的危害。
2. 请联系自身情况，谈一谈如何协调好网络使用和生活学习的关系。
3. 你是否有网络成瘾的倾向，谈一谈如何避免网络成瘾。

（邓湘穗）

第 8 章

挫折应对与压力管理

如若将人的一生看作是登山的旅途，那挫折便是在向上的过程中可能存在的困难与险阻。大学生活常被比作天堂，许多人都对大学充满期待。但事实上大学生活也并不总是一帆风顺，由于种种的主客观原因，许多大学生不同程度地遭遇过困难与挫折，学习、情感、生活等都是容易让学生产生挫折的方面。当大学生遭遇这些挫折时，如果找不到合理有效的解决方法，就会对其造成负面影响，形成心理压力。有效的挫折教育不仅能让大学生系统了解与挫折相关的知识，而且还能帮助大学生建立起正确的挫折观，通过对挫折进行理性的分析、推理和思考，自觉突破感性限制，转化非理性因素，减轻心理压力，更勇敢地应对挫折的挑战。

第 1 节　挫折与压力概述

案例　8-1

小娜，女，护理系大一新生，刚到学校报到的第一周就与同宿舍同学发生了矛盾和冲突。经了解得知，小娜的志愿是想成为一名医生，但是因为高考成绩不够理想而被调配到护理专业，在家人的再三劝说下来就读，却因为宿舍分配原因与临床系的同学成为舍友。每天听舍友讨论专业问题让小娜心里特别不是滋味，终于有一天当舍友说到护士没有医生有前途时，小娜和舍友激烈争执了起来。

问题：小娜与舍友争执的根本原因是什么？

对于处在竞争日益激烈的社会环境中的大学生，挫折是不可避免的，能否正确认识与应对挫折，直接影响着大学生的生活质量、幸福指数及心理健康程度。正确认识挫折，有效应对挫折，对于增强大学生的心理健康水平和提升大学生的社会适应能力都具有非常重要的意义。

一、挫折的定义

在日常生活中，挫折一词多被用于表达个体主观的状态和情绪感受，通常指个体在从事有目的的活动过程中遇到障碍和干扰，致使个人动机不能实现或者需要不能被满足时的情绪状态，其内在含义有三个：挫折情境、挫折认知与挫折感受（反应）。

挫折情境是指阻碍和干扰个体实现目标满足所需要活动的特定环境，又称为挫折源。挫折认知是指个体对挫折情境的知觉、认识和评价。挫折认知是构成挫折的核心要素，一种挫折情境能否引起个体主观感受上的挫折感，能够引起多大程度的挫折体验，很大程度上取决于个体对挫折的认知、态度和评价。挫折感受（反应）是指个体受挫后所产生的复杂的内心体验，包括焦虑、抑郁、烦闷、愤怒、易激惹等各种负面情绪，以及由情绪所引发的行为反应。

综上可见，挫折包括挫折情境、挫折认知和挫折感受（反应），其中，挫折情境会促使个体产生挫折感受（反应），而挫折认知则作为中介在调节挫折感受（反应），详见图 8-1。

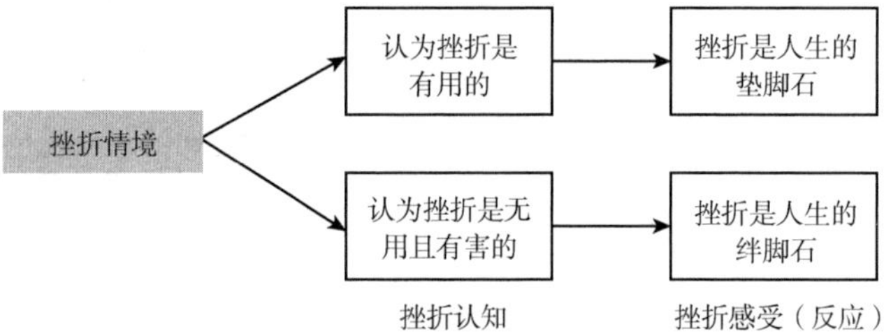

图 8-1　挫折情境

二、挫折产生的原因

由挫折的内在含义可知，挫折的产生始终与个体当时所处的情境有关。社会环境纷繁复杂，其中构成挫折情境的因素也是多种多样的，其主要分为两大类。

（一）外在的客观因素

1. 自然因素　指由于自然物理环境的限制，致使个体动机无法获得满足，如无法预料的自然灾害、随时间而日渐衰退的身体机能等由于自然发展规律和时空的限制而形成的心理挫折。但这对于个体来说并不是主要的挫折来源。

2. 社会因素　指由复杂严峻的社会环境，包括政治、经济、文化、风俗传统、宗教信仰、社会风尚、道德法律、教育等所产生的挫折情境。近年来，社会的飞速发展导致人们对生活质量的要求越来越高，个体的生存成本也越来越高，社会竞争越来越激烈，学业竞争、事业竞争等社会因素不但对个体的生存动机造成挫折，且对个体行为所产生影响也比自然因素大。

（二）内在的主观因素

1. 个体自身的条件　包含个体自身的容貌、身材、体质等生理条件和能力、知识与技能的掌握等心理条件。如身体有残疾、容貌不出众、先天体质差等原因或多或少会阻碍个体目标的实现，当个体无法避免这样的客观存在时就会对其身心产生影响。

2. 个体动机的冲突　动机冲突又称心理冲突，指个体在某种活动中，同时存在着一个或数个所欲求的目标，或存在两个或两个以上互相排斥的动机，当处于相互矛盾的状态时，个体难以决定取舍，表现为行动上的犹豫不决，这种相互冲击的心理状态，称为动机冲突，包括以下几种情况。

（1）双趋冲突：个体同时有两个迫切需要的目标，但由于某些因素不能同时实现时所产生的心理冲突叫双趋冲突。如大学生在假期时既想回老家看望久别的父母，又想留在学校兼职挣钱，这就是所谓的“鱼与熊掌，不可兼得”的情况。

（2）双避冲突：同时有两个目标都违背了个体的主观需要，但由于客观环境所迫，不得不选其一时所产生的心理冲突叫双避冲突。如在大学里，有的同学既不想用功读书，又怕考试不及格，一到期末便如同陷入“前有狼、后有虎”的两难境地。

（3）趋避冲突：当一个目标既可满足个体的某种需求，同时也会对其构成某种威胁时，就会产生趋避冲突。如在对待恋爱问题时，很多大学生都会有“既想尝试爱情的浪漫，又会害怕被爱所伤”的心理感受。

（4）双重趋避冲突：当个体同时拥有两个目标需求，但这两个目标需求各有利弊时，就会形成双重趋避冲突。如有的同学想加入社团，又怕耽误学习，可如果每天只是学习，又怕在大学里交不到更多的朋友。

一般情况下的心理矛盾或冲突只是会给人带来一些不愉快的感受，不会引起心理活动的异常，但是，当冲突时间持续越持久，程度越激烈，就越有可能导致心理问题的产生。因此，在日常生活中要尽量避免持久而剧烈的心理冲突。

3. 个体对挫折的认知　挫折是一种情绪感受，挫折认知是调节挫折感受的重要媒介，也被认为是挫折情绪和挫折行为的先决条件。也就是说挫折情境不会直接导致挫折情绪和挫折行为，挫折认知才是导致挫折情绪和挫折行为的关键。

三、压力的定义

心理学上的压力即指个体的心理压力，又称心理紧张或心理应激，它是一种主观的内部心理状态，也是人体对需要和威胁的一种生理反应，指的是个体在生活中对威胁性事件或情境反应而形成的、伴有躯体机能及心理活动变换的一种身心持续紧张的状态。

四、压力产生的原因

心理压力主要是由压力源引起的，压力源是指个体面对的具有威胁性的刺激情景，它是一种客观存在。生活中的任何改变都有可能成为压力源。压力既可能来自内部环境，也可能来自外部环境；既可能来自生理方面，也可能来自心理方面，大致有以下三种。

1. 生物性压力源　是指借助于人的肉体直接发生作用的，引起身心应激状态的刺激。包括各种物理、化学刺激，如强烈的噪声、不适宜的温度、辐射、电击、机械性的创伤、病毒、病菌的侵害等。

2. 心理性压力源　心理的失衡也可以造成应激状态。如现实社会中经常发生的挫折、冲突、人际关系失调等。

3. 社会环境性压力源　社会文化环境的任何变动都会造成应激状态。如重大的社会政治、经济的变动，家庭、恋爱中的矛盾，亲人的亡故，学业与事业上的成功与失败，职位的升降等。

五、挫折与压力的区别与联系

（一）两者的区别

1. 指代不同

（1）压力：是一种由于心理承受力与外界应激失衡时个体的特殊心理状态与情绪体验。

（2）挫折：是指人们在有目的的活动中，遇到阻碍人们达成目的的障碍。

2. 心理过程不同

（1）压力：是心理压力源和心理压力反应共同构成的一种认知和行为体验过程。

（2）挫折：个体有目的的行为受到阻碍而产生的必然的情绪反应，会给人带来实质性伤害，表现为失望、痛苦、沮丧不安等。

（二）两者的联系

挫折与压力都是心理反应的过程，都带有负面情绪。挫折会带来压力，过度的压力也容易让人产生挫败感。

素质拓展训练

素质拓展训练 8-1　测一测你对挫折与压力的认识是否全面

指导语： 你对挫折的认识真的全面吗？通过这个简单的测试可以得知你对待挫折的态度，从而推断挫折对你的影响程度。以下 4 个题目，只需要回答“是”或“否”，请根据第一反应作答：

1. 挫折越多，生活就越难吗？
2. 挫折所带来的压力就一定是真实的压力吗？
3. 所有的挫折事件都会带来挫折感受吗？
4. 挫折与压力只有消极影响吗？

结果解释：

以上题目均回答“否”，说明你对挫折的认识是比较全面的。挫折对个体来说，既有积极面也有消极面。适度的挫折能帮助个体提高自身的挫折耐受力，对于激发个体的成就动机，提高学习、工作效率，维护身心健康具有积极作用。

素质拓展训练 8-2 挫折承受力训练

【活动目的】

提高学生的挫折承受能力。

【活动步骤】

1. 介绍规则。用肢体语言代表小鸡成长的 4 个阶段，分别是“蛋——刚出壳的小鸡——单腿鸡——鸡” 4 个阶段（蹲着是鸡蛋、半蹲并双手搭成塔尖状的是小鸡，单腿直立的是半成年鸡，双腿直立的是成年鸡）。

2. 开始游戏。首先所有同学抱膝蹲下围成一圈，做“蛋”状，用剪子、包袱、锤两两对决，胜利的成长一级，失败的后退一级（如小鸡赢了就长成为半成年鸡，输了就退回到鸡蛋；鸡蛋输了还是鸡蛋）。长成为成年鸡后退到边上观看别人的成长。在成长的过程中，每个人根据其他人肢体语言表现的成长状态，寻找和自己同一阶段的人进行两两对决，胜利的成长，失败的后退。等场上变成“鸡”的同学达到一定比例之后喊停，请一直在蛋的状态和变成“单腿鸡”以后又回到“蛋”的，以及最终变成“鸡”的三类同学代表谈谈体会。

【教师总结】

这个游戏正象征着人生的曲折、坎坷。我们正是在不断的挫折中成长、进步的。人生中有许多进进退退，正如这个游戏的过程。很多时候，当我们付出很多努力，却不得不从头再来时，你是否依然有勇气？

第 2 节 大学生常见的挫折类型与压力表现

案例 8-2

尊敬的心理老师：

您好，就叫我小毛吧。昨天我们系大二的奖学金名额下来了，宿舍一共六个同学就我没有，我又一次失败了。不知道为什么，也许是她们太过优秀吧！更让我感到苦恼的是我好像连我擅长的事情都做不好了，上周开运动会，我以前可是我们高中的短跑冠军啊，但这次却没有拿到名次，男朋友看我不开心，跑来安慰我，可我因为情绪激动又跟他吵了起来。回到宿舍后发现一个人都没有，对着空荡荡的宿舍，我心情更压抑了，晚上我在宿舍哭了很久很久，我觉得自己快要扛不住了，老师，请您帮帮我吧，我到底怎么了，我真的很差劲吗？

问题： 小毛遇到了什么问题？如果你是她的朋友，你会怎么帮助她？

一、大学生常见的挫折类型

（一）人际关系交往的挫折

想取得事业的成功必须具备较强的人际交往能力，每个人都希望拥有良好的人际关系，获得尊重与认同。这一点在大学生群体中也有显著体现，刚入校的大学生都要经历与环境熟悉的过程，在这期间他们会表现出强烈的社交需求与自尊需求，渴望被尊重、接纳和认可，但由于生活背景、思想观念、价值趋向、行为方式的不同而遭遇阻碍，使得需求得不到满足。例如，有一些被父母宠惯的大学生，个性鲜明，在人际交往中的矛盾表现也较为激烈；还有一些不能正确认识到自己的性格特点或道德素养存在缺陷的大学生不容易被群体欢迎，存在交友困难的现象，因此自我封闭，同时内心会被孤独、焦虑情绪占据，产生人际交往挫折。

（二）情感困惑的挫折

大学生正处于情感不断丰富与成熟的时期，有着强烈的情感需求，部分学生还会对爱情存在理想化认知，十分渴望爱情并憧憬完美的恋爱对象，如“高富帅”与“白富美”等。但由于其人生价值观尚未完全成熟，思想认识存在一定的局限性且情感相对较脆弱，一旦现实与期待不符，就会产生挫折。另外，家庭关系如果不和，也会给大学生造成一定的情感伤害，潜移默化中将消极的情感认知传递给大学生，使他们在情感上既渴望又害怕，用怀疑的态度对待感情，常常处于情感的焦虑与困惑中不能自拔。

（三）对学业缺失兴趣的挫折

许多学生在步入大学以前对专业设置并不了解，对于自己的专业也只是根据专业名称做模糊定义，并不知道具体要学习什么及研究哪些领域，由此导致学生们在选择专业时非常盲目，无法清晰地对自己所填写的专业作出合理解说。进入大学后还可能因为分数不够理想而被调剂到自己不了解也不喜欢的专业，从而导致学习动力不足，丧失学习的热情，处于被动学习的状态，内心充满抵触，进而导致学习成绩的不理想，产生学习挫败感，并开始对自身产生怀疑，否定自己，甚至自我放弃。少部分学生还会因为对大学老师的授课方式不适应而产生强烈的心理落差和学业挫败感。

（四）经济困难导致的挫折

在市场经济环境中成长起来的大学生，价值观发生了巨大变化，他们非常注重物质利益的得失，认为拥有物质财富的多少是衡量一个人能力的标准之一，攀比心理异常严重。这对于家境贫困的大学生而言，无疑是一个重大考验。一方面，高额的学费本身就是一项沉重的负担，更不要提多余的物质需求。因此，贫困大学生容易产生自己不如别人的心理自卑感。时间久了，还会产生孤独感、性格异化分裂，遇到挫折和刺激更会变得焦躁不安，甚至做出极端行为。另一方面，由于城市和农村消费方式、消费观念等方面存在差异，也会加剧贫困大学生的心理压抑感和自卑感。

（五）就业困难的挫折

近年来，毕业生人数逐年递增，但根据市场情况来看，社会需求的岗位数量却变化不大，这给高校学生带来了非常大的就业压力。如今，就业问题已经变成每个大学生一进校门就要考虑的重大问题。另外，毕业生在求职过程中应该对自己、对职业，以及周围的社会环境有一个基本的认识和判断，并据此来选择适合自己的工作。但不少大学生在自我认知方面存在偏差，由于过高或过低的自我评价而导致就业定位不准确，无形中为自己增加了就业难度，屡屡的求职失败使得大学生感受到了就业的挫折。

（六）自我消极的认知挫折

青春期的个体对自我的关注度较高，并希望在方方面面都能得到别人的认可和赞许。但每个人的身体状况和能力水平不尽相同，有的有先天生理缺陷，有的认为自己个子矮小、容貌不出众、体重过高、肤色较黑等，大学生往往因为过于在意形象而内心受挫，产生自卑、失望、退缩等一系列不良的挫折情绪反应。

二、大学生常见的压力表现

压力是一种心理状态，可能会由挫折引起，但挫折并不等同于压力，只有实际挫折让个体切实感受到能力临界，也就是能力不足的时候，压力才会产生。大学生们在压力产生后会出现心理、生理及行为方面的独特表现。

（一）心理反应

对于大学生而言，压力引起的适度心理反应有警觉、注意力集中、思维敏捷、情绪的适度唤起，适度的压力反应有助于大学生更好地适应大学生活与环境。如学业受挫后会奋发图强，人际受挫后能引发自我反思，从而促使学生更加关注自我的意识状态，并进行自我完善。

除此之外，部分个体也会表现出过度的心理反应如过分焦躁、抑郁、焦虑、激动不安、愤怒、沮丧、消沉，这会使大学生的自我评价降低、自信心减弱，表现出消极被动的状态，形成“习得性无助”或无所适从。如当一个人总是在一项任务上失败时，他就会在这项工作上放弃努力，甚至还会因此对自身产生怀疑，觉得自己“这也不行，那也不行”，无可救药。但事实上，此时此刻的个体并不是“真的不行”，而是陷入了“习得性无助”的心理状态中。这种心理让人们自设樊篱，把失败的原因归结为自身不可改变的因素，放弃继续尝试的勇气和信心。例如，很多大学生认为学习成绩差是因为自己智商低，失恋是因为自己令人讨厌等。

（二）生理反应

在压力状态下，机体必然伴有不同程度的生理反应，主要表现在中枢神经内分泌系统和免疫系统等方面。例如，导致心率加快、心肌收缩力增强、血压升高、呼吸急促、各种激素分泌增加、消化道蠕动和分泌减少、出汗等。如在大学里社团活动增多，同学们会有许多登台表演和比赛的机会，但有的同学求胜心切就会造成赛前压力过大，台上紧张忘词，反而使得结果不尽如人意。有的同学会因为压力而长期失眠，使得身体自身免疫力降低，容易感冒或者患肠胃疾病，女生还有可能会月经不调等。

过度的压力甚至会使人产生口干、腹泻、呕吐、头痛、口吃等应激反应。但这些生理反应在一定程度上能调动大学生自身的潜在能量，提高大学生对外界刺激的感受和适应能力，从而使机体更有效地应对外界环境条件的变化，如经常上台的人就会比第一次上台的人有更好的舞台展现。

（三）行为反应

大学生紧张时所表现出的行为反应可分为直接反应和间接反应。直接的行为反应指的是直接面临挫折与压力时表现出的行为特点，如直接回避、愤怒、退行等行为失常状态。间接的行为反应是指个体为了减少或者暂时消除与压力体验有关的苦恼，如借酒、烟、麻醉品等使自己暂时缓解紧张状态，有的大学生遭受学业挫折与压力后就会自暴自弃，沉迷网吧或者酒吧来进行自我麻醉。

素质拓展训练

素质拓展训练 8-3 心理压力自我诊断

指导语： 同学们，大家都会或多或少地遇到一些不顺心的事情，从而产生心理压力，这里有一个小测试可以用来诊断自我的压力状况。下面请根据问题，思考在过去一个月内是否出现以下情况，“从未有过”记 0 分，“偶尔会发生”记 1 分，“经常发生”记 2 分。

1. 觉得学习任务太多，无法应付。(　　)
2. 觉得时间不够，所以要分秒必争。如过马路时闯红灯，走路和说话的节奏很快。(　　)
3. 觉得没有时间消遣，终日记挂着很多事情。(　　)
4. 遇到挫败时很容易发脾气。(　　)
5. 在意别人对自己平时表现的评价。(　　)
6. 觉得老师和同学都不欣赏自己。(　　)
7. 担心自己的经济状况。(　　)
8. 有头痛、胃痛、背痛的毛病，难以治愈。(　　)
9. 要借烟酒、药物、零食等抑制不安的情绪。(　　)
10. 需要用药物协助入睡。(　　)
11. 与家人、朋友、同学、老师的相处会令你发脾气。(　　)
12. 与人倾谈时，会打断对方的话题。(　　)
13. 上床后觉得思潮起伏，还有很多事情牵挂。(　　)
14. 有太多事情要考虑，并觉得不能每件事做到尽善尽美。(　　)
15. 当空闲时轻松一下也会觉得内疚。(　　)
16. 做事急躁、任性，而事后感到内疚。(　　)
17. 觉得自己不应该享乐。(　　)

结果解释：

将 17 个题目的得分相加得到总分，得分划分为 3 个分段。对照如下：

总分在 0～10 分，说明精神压力程度低，但可能生活缺乏刺激，较沉闷，做事的动力不高。总分在 11～15 分，说明精神压力程度中等，虽然有些时候感到压力较大，仍可应付。总分在 16 分或以上，说明精神压力程度偏高，应反省下压力来源并寻求解决方法。

素质拓展训练 8-4 “雨中人”：绘画心理测试

【活动目的】

雨象征着外界压力，“雨中人”主要考察人们在压力情境下的反应。

【活动步骤】

1. 准备材料。白纸一张，中性笔一支。

2. 准备作画。首先保持活动场地安静，然后跟随教师指导语开始作画：想象一幅雨中人的画面，并将你的注意力集中在这个画面上，直到它越来越清晰。那是怎样的画面？是什么样的氛围？人物在做什么？情绪是怎样的？把你想象中的形象在纸上画出来，绘画时间为 15 分钟。

【教师总结】

教师介绍绘画分析的基本要点，根据个体所画的画，可以看出在压力情境下作画者是否会调动资源来应对压力，是用何种资源，应对方法是否有效，个体的情绪状态如何，在这种不愉快的情景中，作画者会使用何种防御机制？

第3节　大学生挫折与压力应对

案例　8-3

小林是一个专科院校的大一新生，因为高考失利而来到这里，自开学以来他非常自闭，不想也不愿与别人交流，不重视人际关系，只想与世隔绝地过完大学三年。当问到他为什么这样时，他说："其实我以前挺开朗的，但自从高考失败后，我一到人多的环境就会特别紧张，情绪容易崩溃，觉得别人都很厉害，而我只是一个彻头彻尾的失败者，在人群中只会被嘲笑，所以我不愿意和别人交流，也不想与别人交流，只想赶紧把大学混完。"

问题：如果你是小林的朋友，你会怎么帮助他？

当人面对挫折时，心理平衡往往遭到破坏，出于人的自我保护的本能，人们会产生一种自觉或不自觉地要消除或减轻这种症状的倾向，会有意无意地采取某种方式来恢复心理平衡。这种自我保护的倾向称为心理防御机制，它能帮助个体摆脱痛苦、减轻不安、恢复情绪、平衡心理。

一、心理防御机制的定义

心理防御机制是西格蒙德·弗洛伊德提出的心理学名词，它指的是个体在面临挫折或冲突的紧张情境时，在其内部心理活动中具有的自觉或不自觉的解脱烦恼、减轻内心不安以恢复心理平衡与稳定的一种适应性倾向。

社会的高速发展和大学的扩招改革既给大学生带来了许多的机遇与挑战，也同时带来了不少的问题与困境。在遭受困难与挫折后，许多大学生不仅会产生心理压力，还会体验到一系列负面情绪。于是，他们会启用心理防御机制来保护自己免受伤害，减轻或免除精神压力，恢复心理平衡，甚至激发自身的主观能动性，激励自己以顽强的意志力克服困难，战胜挫折。可见，防御机制本身不具有病理性，它对于维持心理健康是能起到积极作用的，但必须要适度使用，因为它有可能会让个体因为暂时的压力缓解而感到自足，出现退缩甚至恐惧而导致心理疾病。

二、大学生常见的心理防御机制

心理防御机制有很多种，大体分为两类，一类是成熟的心理防御机制，是一种积极的应对模式；另一类是不成熟的心理防御机制，是一种消极的应对模式。成熟的心理防御机制能帮助个体正视挫折、挑战挫折且应对挫折；不成熟的心理防御机制则是曲解挫折，夸大挫折，逃避挫折，最后被挫折打败。大学生如果过多使用不成熟的防御机制会导致心理健康水平下降，而低水平的心理健康状态会让个体更倾向于使用不成熟的防御机制来应对挫折，两者互助互长，陷入恶性循环。

（一）成熟的心理防御机制

1. 认同　是指个体在遭遇挫折时自觉地效仿他人的优良品质和获得成功的经验和方法，使自己的思想、目标和行为更加适应社会环境的要求，从而在主观上增强获得成功的信念和勇气。人们常说的"苦不苦，想想长征两万五；累不累，想想革命老前辈"就是运用了认同的心理防御机制。大学生在学习生活中常常把一些历史名人或者崇拜的科学家和明星作为自己认同的对象，然后从认同对象的人生经历和奋斗过程中获得力量、信心及战胜挫折的勇气。

2. 升华 是指一个人将受挫后的内心压抑感向符合社会规范的、具有建设性意义的方向抒发的心理反应，它能使个体原有的动机冲突得到合理宣泄，消除焦虑情绪，弥补因挫折而丧失的自尊和自信，保持心理平衡，减轻挫折造成的痛苦。如有的大学生在学校里因为家庭贫困受到冷落，为了弥补内心苦闷而加倍努力学习，最终破茧成蝶，获得蜕变。持有这种心理防御机制的个体能深刻地理解到“重要的并不是生活给予了什么，而是能把这些遭遇转化成什么”，就像少年的歌德，在经历了失恋的痛苦后，却写出了著名的《少年维特之烦恼》。

链 接 蝴蝶为什么会过早死去?

草地上有一个蛹，被一个小男孩发现后带回了家。过了几天，蛹壳上出现了一道小裂缝，里面有一只蝴蝶在不停地挣扎，它的身体似乎被卡住了，一直出不来。善良的小男孩看到蛹中蝴蝶痛苦的样子实在是不忍，于是他用剪刀将蛹壳剪开，以帮助蝴蝶脱壳而出。可是，当他剪开蛹后，他发现这只蝴蝶的身躯臃肿，翅膀干瘪，根本就飞不起来，不久就死去了。

蝴蝶的成长就如同升华，它必须在壳中经过痛苦的挣扎，直到它的双翅强壮了，才会破壳而出，而人的成长也是如此，不经过挣扎、挫折、磨炼是很难脱颖而出的，有一句非常流行的网络语言就能很好地诠释升华的本质：那些打不死我的，终将使我更加强大。

3. 补偿 在生活中由于主客观条件的限制，使个人的某一个目标无法实现时，行为主体会以新的目标代替原有目标，从而以现实取得的成功体验去弥补原有失败的痛苦，这就是人们受挫后的补偿反应。但是，补偿行为有积极和消极之分。积极的补偿行为是符合社会规范和个体发展的需要的。例如，当一个大学生失恋了，情绪非常低落，这时他可能会选择将注意力转移到学习上，从此奋发努力，专研学业；也有可能约同学在网吧通宵达旦打游戏，使内心获得短暂的满足。可见，只有积极的心理补偿，才能激励个体实现更高的人生目标。

4. 幽默 当处境困难或尴尬时，心理比较成熟的大学生会以幽默来化险为夷，在无伤大雅的情景下巧妙地处理问题，摆脱困境，维护自己的心理平衡。我们在生活和学习中，时常幽默一下不仅可以缓解紧张情绪，还有利于解除人际关系的僵局，促进人际交往。

（二）不成熟的心理防御机制

1. 攻击 是一种破坏性的行为，指的是个体在受到挫折时，为了发泄愤怒情绪而对构成其挫折的对象进行报复所产生的攻击性行为，发泄对象可能是人或物，甚至受挫折者本身。大学里发生的一些打架、斗殴及伤人事件一般都与大学生受挫后的攻击行为有关，如 2004 年震惊全国的“马加爵事件”、2013 年的“复旦大学投毒案”等。通过攻击行为虽然可以暂时发泄愤怒情绪，但并不能消除原有的挫折感，甚至还会引起新的挫折，危害他人与社会。

2. 退行 是指个体在受到挫折或面临焦虑、应激等状态时，放弃已经习得的比较成熟的适应技巧或方式，而退行到使用早期生活阶段的某种行为方式，以原始、幼稚的方法来应付当前情景，来降低自己的焦虑。退行是一种不成熟的心理防御机制，如遇到困难时，像孩子般号啕大哭，因不愿承认错误而耍赖或喋喋不休，做事没主见，盲目相信他人等。大学生心理尚未完全成熟，在遇到困难或挫折时，偶尔哭闹是较为正常的，但如果经常使用，或借此来博得他人的关注与同情，以避免面对现实的痛苦，则是一种心理病态的表现。

3. 压抑 指个体将自我不能接受、具有威胁性以及痛苦的经验和冲动，无意识地进行排除抑制，使之隐藏到潜意识中去而不自知，从而避免痛苦。压抑带来的结果是“动机性遗忘”，但事实上这些被压抑的部分一直存在于我们的潜意识中，并在某些关键时刻影响我们的行为和状态。如有的大学生个性软弱，害怕跟人产生冲突，总是将不愉快闷在心里，哪怕别人冒犯了自己，也不跟人争执，时间久了就会感到压抑，这样不仅会影响个体的正常活动，而且会引起心理异常和心理疾病。

4. 合理化 又称文饰，指个体用看上去比较合理的解释来为自我难以接受的情感、行为和动机进行辩护，使其能够被自我接受，这其实是个体的无意识行为，主要是想掩饰自己的过失，减轻焦虑和痛苦，保护自尊免受伤害，是人们在面对痛苦与挫折时最常使用的心理防御机制。合理化在本质上是利用自我欺骗与自我麻痹去扭曲事实，阻碍个体自身作出积极的改变，时间长了会使个体放弃对自我的认识和改造，甚至降低积极适应环境的能力。合理化有三种常见表现：酸葡萄心理、甜柠檬心理和推诿。

5. 反向 又称矫枉过正，指个体将内心不愉快的、难以接受的观念、情感、冲动、欲望等夸张性地以相反的态度或行为表现出来，其目的在于掩盖自己的本意，避免或减轻心理的压力。例如，自卑者有时会表现得反常自负，有的大学生对喜欢的异性冷嘲热讽或刻意贬低，其实因为内心自卑，害怕自己被拒绝。反向实质上是行为压抑的过程，使用不当的个体会从根本上扭曲自我意识，使动机与行为脱节，造成心理失常。

三、大学生挫折应对与压力管理

成熟的心理防御机制能适当帮助我们减少痛苦感受，恢复心理平衡，但个体更需要的是能够正确应对挫折与有效管理压力，以此来更好地适应大学生活，提高问题处理的效率，保证学习生活目标顺利实现。以下提供一些挫折应对与压力管理的策略与方法供大家参考和借鉴。

（一）正确认识挫折

奥诺雷·德·巴尔扎克（Honoré de Balzac，1799—1850）曾经说过：“世界上的事情永远不是绝对的，结果完全因人而异。苦难对于天才是一块垫脚石，对于能干的人是一笔财富，对于弱者是万丈深渊。”大学生要从思想上明确挫折的必然性和普遍性，做足心理准备，遇到挫折就不会惊慌失措。同时还要认识到，挫折可以磨砺人的意识，提高扭转逆境、克服困难、适应社会生活的能力。所以，正确认识挫折是大学生战胜挫折的重要前提。

（二）提高挫折承受力

挫折承受力是指个体适应挫折、抵抗和应付挫折的一种能力。大学生要注重自身意志力的培养，因为顽强的意志是提高挫折承受力的有力保障。如可以通过创设和主动体验一些挫折情境来丰富自己的挫折经验，提高挫折承受力。

（三）理性辨析和积极归因

持续性的压力累积效应足以使大学生在面对繁重的学业时，感到身心疲惫。为了更好应对挫折，进行压力管理，就必须卸掉我们身上由压力带来的紧张和焦虑。如我们可以在面对挫折与压力时，先找到核心问题所在，并通过反复逐层深入的自我辨析，理清问题症结所在，从而澄清对压力情景认识的模糊或者因夸大威胁而产生的焦虑。可列举以下问题。

1. 这个问题是如何产生的？
2. 这个问题真的与我有关吗？
3. 这个问题真的就是一种威胁吗？
4. 这个问题真的无法解决吗？

（四）适度宣泄情绪

宣泄是一种自我心理救护，它可以减缓，甚至消除因挫折而带来的精神压力。大学生心理发展尚未完全成熟，在遇到困难与挫折时，焦虑、压抑或者愤怒的情绪体验会更为深刻，因此更需要选用合适的办法宣泄这些不良的情绪体验，如向父母和好友倾诉内心的苦闷，向专业的心理老师寻求帮助，适当运动或休闲娱乐等。

（五）构建成熟的心理防御机制

心理防御机制是个体在面对挫折与压力时自发产生的反应，能使个体暂时缓解消极情绪。但心理防御机制有积极与消极两种作用，只有运用成熟的心理防御机制，进行积极的自我心理调节，才能帮助个体成功应对挫折。大学生的心理发展具有由依附性向独立性过渡、心理迅速走向成熟又尚未成熟的特点，因此，遇事冲动且情绪起伏大，容易走极端。成熟的心理防御机制不仅能帮助大学生缓解不良的情绪状态，而且还能进行有效的自我保护。

（六）构建良好的社会支持系统

社会支持系统是个体通过与环境中人物的互动所建立的一种关系网络，个体能从中获取情绪情感心理的支持，挫折来临时，通过求助而获取社会支持能非常有效地缓解心理压力，提高自身对环境的适应能力和对变化的应对能力。大学生想要构建良好的社会支持系统需要做到以下几点。

1. 学会尊重他人　孟子有云：“爱人者，人恒爱之；敬人者，人恒敬之。”只有尊重他人的人才能获得他人的尊重、友善及帮助。

2. 学会包容与理解　提升自我容忍度与对他人的接纳度。

3. 学会敞开心扉　主动找人倾诉或者寻求帮助能让他人感受到极大的信任，这样的情况下，我们通常更能获得有效帮助。

（七）觉知和调整自己的生理状态

要想有效应对挫折、管理压力，首先要有压力意识，要能觉察压力信号。这就需要个体首先建立一种对付压力的预警机制，尤其是针对那些重大挫折事件或者是长期的慢性压力。为此可以尝试做到以下几点。

1. 有意识地觉知自身的紧张焦虑等状态　当处于挫折或压力导致的紧张状态时，记录下我们的生理和情绪状态上会有什么样的不适反应，并且锁定反应指标，以后每当产生这些不适反应时，便对身心发出警告。压力预警，就像战争中的雷达，让人保持必要的警惕。

2. 学会控制自己的不良生理指标　在我们提升压力知觉性的同时，还需要提高对生理指标的控制力，如心跳、呼吸、血压等。通常在这个过程中我们可以进行一些放松训练，如呼吸放松、肌肉放松和想象放松，通过有意识地控制和调节自己的身心活动，以降低机体唤醒水平，调整因紧张而紊乱的身心功能，从而使机体内环境保持平衡与稳定。

素质拓展训练

素质拓展训练 8-5　呼吸放松训练

【活动目的】

通过呼吸放松训练，缓解紧张情绪，平衡心态，健康生活。

【活动步骤】

1. 介绍规则。接下来我们会通过语言指导同学们进行放松训练，请同学们选择一个舒适的姿势，做好准备。

2. 具体实施。请大家闭上双眼，双肩自然下垂，用鼻子呼吸，在呼吸的同时腹部也要跟着伸缩。当吸到足够多空气时，憋气几秒钟，用嘴巴缓缓地呼气。这样反复至少三次，很快就能起到放松的效果。

【教师总结】

呼吸放松法较为简便，在日常生活中，无论是学习还是工作都可以用到，它能够有效地抑制焦虑。

本章小结

通过本章的学习，我们认识到了挫折与压力的含义与常见表现，全面地理解到挫折与压力对大学生个体而言并不仅仅只有消极的作用，适当的挫折与压力反而会增加我们拼搏的动力，而且我们掌握了一些有效的应对策略与方法来减轻或消除挫折与压力所带来的负面影响。这些知识可以提升我们在日常生活与学习中对挫折与压力的应对能力，使我们的心理健康水平得到提升，让我们顺利度过我们的大学生活。

收获与成长

通过本章的学习，我收获了____

____

____

____

____

自测题

1. 请结合自身情况，具体分析大学生受挫的重要原因。
2. 请判断以下情况属于哪种心理防御机制，并选择其中一种心理防御机制进行分析阐述。

（1）化悲痛为力量。

（2）吃不到葡萄，就说葡萄酸。

（3）以小人之心度君子之腹。

3. 大学生常见的压力表现有哪些？
4. 结合实际，谈谈在以后的学生生活中，如何管理自身存在的压力感受？

（李楠柯）

第9章

关爱家人与享受亲情

“家”是我们一生中关系最密切的地方，是个体成长的主要场所，而因家庭联结而产生的亲情关系是人类社会中最基本的人际关系。如今进入大学校园，虽然远离亲人，但依然会受到家庭与亲情的影响。这些影响有好有坏，但我们可以选择不把成长过程中负面的情感和体验扩及家庭，而让“家”成为更温暖的归属与港湾。

第1节 生命之源

案例 9-1

小昆，大一学生，进入大学后，对学校的一切感到很新鲜，跟周围的同学也相处得很愉快。最近小昆感冒了，请假一个人在宿舍休息时，想起了上大学前生病的时候父母对自己的照顾，眼泪不知不觉流下来，他拨通了妈妈的手机。妈妈了解了小昆的情况后，问他要不要请假回家，或者是否需要自己去学校照顾他。小昆拒绝了妈妈的建议，他表示听到妈妈的声音，比吃什么药都管用，只是个小感冒，让妈妈不用担心。

问题： 1. 为什么小昆说听到妈妈的声音比吃什么药都管用？

2. 如果你是小昆，你会怎么做呢？

一、家庭与亲情

（一）何谓家庭

家庭是指以婚姻和血缘为纽带而组成的基本社会单位。家庭有广义与狭义之分，狭义的家庭指的是一夫一妻制个体家庭；广义家庭指的是人类进化的不同阶段上的各种家庭形式。

人的一生会经历两个家庭，一个是自己出生、成长的家，叫原生家庭；另一个是长大成人后与恋人重新建造的家，叫再生家庭。原生家庭对个体的成长影响是极大的，它不仅能塑造人的个性，影响人格成长，培养管理情绪的能力，而且为个人成长后人际互动的模式定型。可见，原生家庭是影响个体最早、持续力最久的环境及系统，再生家庭的形成在很大程度上都受到了原生家庭的影响。所以，了解自己的原生家庭，不仅能帮助大学生更好地理解父母，还能使其更加明确自我，实现个人成长。

（二）何谓亲情

情感分为好几种类型，“亲情”则是有血缘关系或姻亲关系的家庭成员间感情的总称，是人们朝夕相处、相依为命、割舍不断的情感。亲情包括兄弟姐妹、父母子女、祖孙之间的亲情，夫妻之间的姻情，以及由夫妻双方的兄弟姐妹、父母的亲情的延伸和拓展。在这些感情之中，子女与父母之间维系的情感在亲情中占主要的地位。

二、家庭的功能

家庭功能是指家庭在人类生活和社会发展方面所起的作用，其内容受社会性质的制约。功能良好的家庭除维持自身系统的生存之外，还能鼓励成员实现个人的潜力，并在保护与安全感之下，容许他们拥有探索自我的自由。主要功能有以下四个。

（一）情感功能

满足家庭成员的情感需要，各成员间互相理解、关心和支持，以达到缓解压力、维持平衡的心理状态、营造良好的归属感和安全感的目的。家庭必须满足成员的感情需求，以维持家庭的整体性。对于每个家庭成员而言，各种性格态度的形成、个性的发展、感情的激起与发泄、品德和情操的锤炼、爱的培植和表现及精神的安慰和寄托都离不开家庭。

（二）经济功能

经济是家庭功能的重要基础，主要目的是满足家庭成员的生活物质需求，包括了家庭的各种经济活动，如生产、分配、消费、理财等。家庭的经济条件在很大程度上会影响家庭关系的健康与否，而经济条件主要包括三个方面：一是经济收入的绝对量；二是对经济收入绝对量相关的主观判断；三是经济支出的安排方式。

（三）生育与抚养和赡养功能

家庭是生育子女、繁衍后代的基本单位。在家庭当中，夫妻通过繁衍并养育下一代，达到延续人类社会发展的目的。其中，抚养指父母对未成年子女的供养以及夫妻之间的相互供养和帮助，赡养则指子女对年老父母的供养和照顾。抚养和赡养是人类社会得以延续和发展的重要保证。

（四）社会化功能

家庭在个体社会化过程中起着举足轻重的作用，而教育则是父母对子女社会化产生影响的最主要方式之一。家庭同社会紧密联系，时时刻刻受社会制约，并反作用于社会的人类生活组织。个体必须与社会不断地进行交互作用。如果它不与社会产生互动，个体的社会化则无法完成。

综上所述，家庭的四种功能分别从物质、精神、生理、文化方面满足了家庭成员的需要，当某一种功能欠缺时，会使家庭整体功能遭到破坏，家庭危机就会出现。同时，每一位家庭成员都会影响到家庭功能的运行，当家庭生活发生变化时，如升学、结婚、增加新成员等，家庭功能随之发生相应的改变，需要家庭成员不断调整达到新的功能平衡，家庭才能和谐美满幸福。

链 接

在我国古代，家庭在孩子的教育中起到重要作用，其中运用家训教育告诫子女，在我国已有三千多年的历史，端蒙养、重家教是中华民族的优良传统。有些家训一直流传至今，例如诸葛亮在《诫子书》中提到“夫君子之行，静以修身，俭以养德。非淡泊无以明志，非宁静无以致远。”颜之推在《颜氏家训》中提到“积财千万，不如薄技在身。”朱伯庐在《朱子家训》中提到“一粥一饭，当思来之不易；半丝半缕，恒念物力维艰。”

三、亲情的价值

在中国社会环境当中，完全割裂的个人几乎是不存在的，中国人把家庭看作生活生产乃至社会交往的基本单位，一个家庭类似于一个小天地。同时，中国人把家庭的责任和情感关系扩展到社会的方方面面，如若家庭的小天地治理得好，便可以影响其他方面。一段良好的亲情与家庭关系对我们社会中的个体而言，既是对抗孤独无助感的良药，也是获取善良和快乐的源泉，它的价值主要体现在以下两个方面。

（一）良好的家庭情绪氛围是良好心理素质形成的前提

家庭的情绪氛围是指家庭中的居于优势地位的一种态度和感受，它是通过语言和人际氛围构成的。这种氛围直接影响着每个成员的心理，尤其对子女的个性品格的形成特别有意义。家庭成员之间的关系和谐、融洽，就能形成良好的家庭氛围。在这种氛围中，子女不但能学会与人互助、互爱、合作、谅解，而且还能从中获得安全感，形成乐于接受教育的自觉性。

（二）父母教养态度影响心理素质发展的方向

父母是子女的第一任教师，是子女学习的榜样。父母的教养态度和教养方法直接影响子女的行为和心理，主要有以下几种。

1. 专横守旧的家庭　这类父母强调辈分，强调绝对服从父母的意志，稍有不从就予以惩罚。在这种教养环境中的个体会缺乏自主权，凡事看脸色行事，这就可能形成胆小、自卑的心理，缺乏自信和独立性，他们可能会在捉弄别人、寻找报复中取得心理的平衡和补偿。

2. 过分娇宠的家庭　这类父母为子女提供一切的帮助和保护，从而使子女形成自私、任性、放肆、易发脾气的不良品性。

3. 放任自流的家庭　又称为放任型教养环境，在这种环境中成长的个体会因为感受不到父母的爱护而产生深深的孤独感，有的即使家庭条件富足，但子女依然感觉自卑，或者因为缺乏安全感而形成极端叛逆的性格。

4. 民主平等的家庭　这种家庭教养环境中充满了平等、随和、谅解、互相爱护、关心的气氛。父母能给子女足够的鼓励和诱导，对他们的缺点与错误也能恰如其分地给予指正批评。在这种教养环境中的个体拥有对人坦诚友好、自尊自立、热情大方的性格，且能接受批评，有耐心，关心他人，有独立处事的能力。

素质拓展训练

素质拓展训练 9-1　我的家谱图

【活动目的】

通过绘制家谱图，深入了解自己的家庭。

【活动步骤】

1. 在事先准备阶段，跟家长沟通，了解自己不清楚的信息。

2. 用家谱图符号在白纸上画出家庭中三代人的信息。

3. 向好朋友讲解你的家谱图，尽量回答朋友的提问，它可以帮助你更好地发现自己没有关注到的部分，完善对家庭的了解。

4. 思考绘图前后自己对家庭的看法和感受。

【教师总结】

通过绘制家谱图，个体会对自己的家庭有全新的认识，如不曾留意到的关系模式、不同辈成员的相似处、自己在家庭中的位置等。

第2节 大学生家庭关系常见类型及问题

案例 9-2

小美，大二学生，因为在网上发表了对某件事的看法，被反对方网友攻击威胁，她非常害怕，晚上睡不着，也没有心思上课，一个人默默承受着。她从来没有想过向家人求助，因为家人肯定会批评她，责怪她到网上留言。小美从小就很独立，遇到事会自己想办法解决，绝对不会告诉父母，认为反正他们也不理解自己，所以设必要向他们诉说。

问题： 1. 为什么小美宁愿一个人默默忍受也不去求助于父母？

2. 如果小美告诉了家人，父母除了批评她，还可能会怎么做？

家庭关系有狭义和广义之分，狭义的家庭关系亦称家庭人际关系，是家庭成员之间固有的特定关系，表现为不同家庭成员之间的不同联系方式和互助方式，是联结家庭成员之间的纽带。广义的家庭关系包含了家庭氛围、亲子关系、家人互动和相处模式等内容，而这些都是会影响到个体身心成长与发展的重要因素，它们对于家庭中的每一个成员来说都至关重要。

一、大学生家庭关系类型

根据广义的家庭关系的内涵，我们将家庭关系类型大致分为四种，包括和睦融洽型、平衡协调型、不平衡型和抗拒分裂型，不同类型的家庭对个体的成长与发展都有着至关重要的影响。

（一）和睦融洽型家庭

这类家庭成员之间的关系融洽，相互忍让，相互关爱，和睦相处。生活在这种家庭关系中的个体备受家庭的爱护，他们可以从每个家庭成员身上获取支持和力量，并因此而呈现出蓬勃进取的状态，具备乐群性的人格特质，有较强的人际交往能力和情绪管控能力。

（二）平衡协调型家庭

这类家庭长期表现为和平稳定，偶有矛盾争执，但能很快缓和平静。出现问题的原因是两代人之间的文化差异，或是夫妻间的性格差异，或是对某个问题的看法不同，但家庭的向心力依然起主导作用。处在这种家庭关系中的个体的身心发展是健康愉快的，其个性特征也是比较稳定平和的。

（三）不平衡型家庭

这是一种经常处于矛盾状态但尚可维持的家庭关系类型，表现为夫妻间常有矛盾，父母子女间也常因为某种原因而不和。家庭气氛有时缓和平静，有时风雷大作，情感气氛呈不平衡状态，每个成员既有对家庭爱护向往的一面，也有厌烦和压抑的情绪存在。这类家庭中，父母对子女的教育往往存在缺陷，不是偏激专制，就是放任自流。处在这类家庭关系中的个体比较容易形成边缘型人格，表现出情绪不稳定、遇事易冲动的行为特点。

（四）抗拒分裂型家庭

这种家庭长期处于一种紧张矛盾状态中，或者已经出现很深的裂痕。其发展有两种可能，一种尚可维持，但表现为不平衡；一种或成为“问题家庭”，或成为离异家庭。其家庭问题的原因是多种多样的，但无论是什么原因，处在其中的个体所遭受的身心的伤害都是十分严重的，容易形成粗野叛逆的性格，极度缺乏安全感，常感到不安与分裂。

二、大学生家庭关系中存在的问题

（一）价值观存在明显差异

大学生与父母价值观的差异，是引发家庭冲突的重要原因之一。由于时代的变迁，两代人经历的社会背景和成长环境不同，对周围事物的评判标准和看法不完全相同。因此，在日常生活中很容易因为对事物的意见不一致而产生矛盾。

（二）沟通不畅导致消极应对

亲子沟通能够让父母与子女了解彼此的心理世界，是有效解决亲子冲突的方法。唐文辉（2018）研究发现大学生与父母“不沟不通”和“沟而不通”的现象依然存在，面对亲子间的冲突时，大学生常常用忽视、逃避、争吵、妥协等消极的方式处理问题，而很少使用积极的态度、情绪、行为方式和归因解决问题。

（三）情绪管控能力较差

大学生心理发展处于过渡期，很容易受到外界人或事的影响，情绪波动起伏大。当发生亲子冲突时，缺乏理性思考，从而不能及时调整情绪，此时言谈举止都是失去理性控制的，与父母的交流自然也不会很顺畅。经常有同学在对着父母说完一些过分的话后，内心很后悔，自己也不理解为什么当时要这么说。

（四）边界划分不当导致关系纠缠

很多大学生家里存在亲密关系的纠缠现象，子女与父母双方关系紧密，但又互相有要求，想要脱离彼此的控制，却无法改变现状。尤其是当父母要求子女必须做某件事时，子女因反感而拖延或推诿，父母更加生气，继续要求甚至打骂，此时冲突升级，产生恶性循环。

素质拓展训练

素质拓展训练 9-2 家庭情景模拟练习

【活动目的】

通过角色扮演，情景再现家庭里的亲子冲突，找到更多的应对办法。

【活动步骤】

1. 分小组讨论一个家庭里亲子冲突的情景，由同学扮演不同角色，再现当时的人物情绪、言语和行为及内心活动。

2. 进行头脑风暴训练并提问：“如果你是剧中的子女，你会怎么做？”

3. 小组派代表展示本组内思考结果。

4. 大家一起分享活动中的感受，尤其请参加扮演父母和子女的同学谈谈自己的感受。

【教师总结】

通过换位思考了解父母的想法，通过头脑风暴集思广益，发现更多的解决办法。

素质拓展训练 9-3 我的剩余亲情时间

【活动目的】

通过计算可以陪父母的时间，感受时间的流逝与亲情的宝贵。

【活动步骤】

1. 计算从现在开始与父母相处的天数，除去应酬朋友、睡觉、玩手机，你有多少时间真正和爸妈在一起？

2. 2019 年中国居民人均预期寿命 77.3 岁，就算爸妈能活到 85 岁，这辈子你还能和爸妈相处多久？

3. 看到你剩余的亲情时间后，你有什么感受，打算做些什么？

【教师总结】

通过计算剩余的亲情时间，我们可以感受到可以与父母共享天伦之乐的时间很短暂，因此感恩父母要从现在开始。

第 3 节 大学生积极家庭关系的构建

案例 9-3

小迪，大一新生，远离父母上学，为了联系方便跟父母加了 QQ 和微信好友。妈妈特别关注小迪的动态。一次，小迪外出游玩发了朋友圈，妈妈看到后，立刻打电话询问游玩地点、同伴等。小迪曾向父母抗议不要这样盯着自己，可父母说这是关心她。小迪也知道父母关心自己，可是这种事无巨细的关注让她很苦恼。久而久之，为了父母不打扰自己，小迪对他们设置了浏览权限。

问题：如果你是小迪，你会怎么积极地处理眼前的情况呢？

个体的心理与行为问题之所以与家庭密切相关，是因为在家庭的三角关系中，子女是受教育者、模仿者和学习者，成长过程中，子女把父母当成学习的榜样，并从父母那里习得一些个体经验与感受，逐渐内化成自己特有的沟通方式、应对机制等生存法则。

一、健康家庭的特征

家庭是个体最早的学习场所，父母是子女最好的老师，所以家庭成员的相处模式、情感表达方式等都有可能被个体内化成自身的一部分。家庭质量不良、亲子关系差，容易造成个体的不良分化，表现为容易被自动化的情绪反应所控制，缺乏应有的理性判断，在面对压力冲突时容易表达出更多的慢性焦虑。这样的个体成年以后，又会将这样的未分化的状态投射给下一代子女，出现同样的家庭冲突、情绪表达、三角化等情况，进而影响子女的分化水平，形成一个恶性循环。所以，构建一个积极健康的家庭关系对家庭中的每一个成员都是有着积极意义的。

一个健康的家庭往往具备如下特征。

（1）具有相互交谈和倾听别人谈话的愿望。

（2）具有快速平息家庭争吵和得出令人满意的结论的能力，事后彼此之间不怀恨在心。

（3）成员之间能够相互合作、相互帮助，每个人都能维持一种既可靠又积极的自我形象。

（4）能创造出一种既轻松又幽默的家庭气氛。

（5）父母有着明确的是非准则。

二、构建积极家庭关系的方法

（一）确立自信

行为遗传学理论观点认为，家庭中的亲子关系存在两种效应，即父母效应与子女效应。父母效应是指父母对子女产生的影响，而子女效应则是指子女对父母产生的影响，且这样的影响从孕育之初就开始，然后贯穿人的一生。

在个体成长的初期，父母效应的作用大于子女效应，因为此时的父母在家庭中占据主导地位，子女的成长轨迹与发展方向是由父母决定的。但随着时间的推移，子女的自我意识开始发展，人格逐渐成熟与完善，子女效应便开始发挥作用。可见，成年后的子女可以掌控家庭关系的走向，而大学生更是具备了缓解亲子冲突、构建温馨家庭氛围的能力。

（二）掌握亲子沟通的技巧

1. 尝试理解，不抱怨 原生家庭是影响个体最持久、最顽固的环境系统，对个体的脾气秉性和价值观念既有积极影响，也有消极影响。受到消极影响的子女会因为无法选择而对父母心生抱怨。但作为大学生要学会积极面对现实，充分地检视和自我觉察，尝试理解与接纳，争取自我战胜，超越原生家庭的负面影响，达到亲子和谐共处的目标状态。

2. 掌控情绪，不失控 亲子间产生矛盾冲突时，会出现委屈、愤怒和郁闷等消极情绪，而此时亲子沟通的关键在于能否掌控情绪。大学生要懂得及时觉察自己与父母的情绪，充分地理解，适度地宣泄，尝试找到自己的情绪雷区，改变自己固有的消极情绪模式，来避免产生更为严重的亲子冲突。

3. 学会沟通，不错过 良好的沟通是解决亲子冲突有效的途径，大学生要尽力提升自己的语言表达能力和倾听能力。在语言表达上要客观地描述自己的感受、需要和请求，同时学会有效地倾听，不批评不指责，让交流双方都能感受到彼此的善意和帮助，把握解决实际问题、修复亲子关系的最佳时机。

4. 打破纠缠，不伤害 相爱相杀的纠缠关系在亲子关系中极为常见，为了摆脱这种纠缠，个体最常做的就是指责对方、改变对方，但这样只会让关系更糟。所以大学生们应该意识到，面对与父母之间的矛盾冲突，只有“我”是一切的根源，必须要从“我”开始改变，才能真正打破这种纠缠。

5. 寻求帮助，不放弃 大学生必须不断丰富与完善自己的社会支持系统，对于那些凭借个体自身的力量无法解决的亲子矛盾，尝试寻求第三方，包括朋友、同学、老师等的理解、支持与帮助。针对亲子间的矛盾冲突，既不独自承受，也不忽视屈从，才是解决问题的最佳办法。

家庭就是“我”作为个体与“亲人”共同建立的一个和谐发展的团体，而以家庭为基础维系的亲情是人生路途中最重要的感情。作为当代大学生，应该明确意识到亲情与每一个人都关系密切，学会与家人相依相伴、相扶相助，懂得珍惜与感恩，用心维系亲情这一道最坚固的防守线。

素质拓展训练

素质拓展训练 9-4 写情绪日记

【活动目的】

找到情绪雷区。

【活动步骤】

1. 当有负面情绪时，记录时间、地点、人物、发生了什么事、有了什么情绪。不评价、不批判自己，不反省，只是记录。

2. 坚持两周，尝试找到人、事、地点、物品的交集，即某一类事、某个人、某句话等，这就是情绪雷区。例如，每次别人说我做得不对，我就会有负面情绪。

3. 尝试寻找产生这个雷区的原因，改变自己的理念，从而改变情绪。例如，原来的理念“我必须做到完美，不能犯错”，换成“人无完人，我做错了也是很正常的”。

【教师总结】

通过用文字记录来锻炼个体觉察情绪的能力，通过不断书写，寻找情绪被压抑的深层原因。

本章小结

通过本章的学习，我们了解到了家庭的功能、亲情的价值，以及大学生常见的家庭关系类型和常见问题，理解了家庭对个体成长与发展的影响，掌握了与父母沟通的技巧，为我们理解自身家庭、提升面对家庭矛盾的自我效能感、感受家庭温馨与支持提供了可能性。

收获与成长

通过本章的学习，我收获了____

____

____

____

____

自测题

1. 思考你与家庭成员间理想的关系是什么样的。

2. 在你的家庭中，你认为主要的亲子冲突在哪些方面？面对这些冲突，以往你的处理方式主要有哪些？今后你会如何面对这些冲突？

3. 给父母写一封信。

（李楠柯　杨　敏）

第10章
危机应对与珍爱生命

生命教育是指个体从出生到死亡的整个过程中，通过有目的、有计划、有组织地进行生存意识熏陶、生存能力培养、生命价值提升，最终使其生命质量充分展现的活动过程。生命教育的目的在于引导大学生认识生命的意义，追求生命的价值，活出生命的意蕴，绽放生命的光彩，实现生命的辉煌。本章关注生命教育，引导大学生了解、体会和实践“珍爱生命，热爱人生”的价值，进而珍惜生命、热爱生活，处理好自己与外部环境的关系，充分实现自我价值。

第1节　心理危机概述

案例　10-1

莉莉和菲菲是大学同寝室同学，新型冠状病毒肺炎疫情暴发以来，莉莉每日通过手机、电视等渠道了解疫情的进展，对疫情消息非常敏感，总是忍不住查询疫情相关的信息。有一天，莉莉听家里人说，小区出现疑似病例并被隔离，莉莉开始紧张焦虑，努力回忆某次与该病例接触的经历，每日待在家里睡不好，还冒虚汗，感到心跳快，但是检查又没有问题，可内心焦急而又矛盾。同时，因为长期待在家里，和家人的关系也开始变得很紧张，稍微有点分歧就容易发生争吵。菲菲很关心她，问她怎么了，但是莉莉也不知道为什么，什么都不想说，也不怎么愿意理菲菲，内心感觉孤独又抑郁。

问题： 1. 你认为造成莉莉苦恼的原因有哪些？

2. 莉莉的这些反应正常吗？

一、心理危机定义

心理危机是指当个体面临意外事件时，手足无措，原有的应对方式或应对资源无法解决，陷入心理失衡的状态。心理危机包含两个方面的内涵。

一是指突发事件，如地震、水灾、空难、疾病暴发、战争等。

二是指当个体处在紧急状态时原有的心理平衡状态被打破，正常的生活受到干扰，内心的紧张感不断积累，出现无所适从、思维和行为的紊乱，继而进入一种失衡的状态。

通常表现为：出现精神濒临崩溃的状态，表现出极度恐慌、紧张、苦恼、焦虑、忧郁，甚至产生轻生的意念等。

二、心理危机反应

当出现心理危机时，当事人可能及时察觉，也可能“未知未觉”。无论何种情形，当个体面对心理危机时都会产生一系列身心反应，一般危机反应会维持6～8周，主要表现在生理、情绪、认知和行为四个方面。

1. 生理方面　常见的生理反应有肠胃不适、腹泻、食欲缺乏、头痛、疲乏、失眠、做噩梦、易受惊吓、感觉呼吸困难或窒息，有哽塞感、肌肉紧张等。

2. 情绪方面 常见的情绪反应有焦虑、恐惧、怀疑、忧郁、悲伤、易怒、绝望、无助、麻木、否认、孤独、紧张、不安、愤怒、烦躁、自责、过分敏感或警觉等。

链接 新型冠状病毒肺炎疫情下的情绪反应

当个体遭受应激事件时，情绪最快出现反应。常见的情绪如下。

焦虑与恐慌。随着疫情的广泛传播，人们开始担心自己及亲友会被感染，内心的担忧和恐慌不断积累，对特定人群感到恐慌。

愤怒。当内心的焦虑与恐慌无法得到排解，部分情绪就会转以愤怒的形式表现出来，如谴责导致疫情暴发的相关负责人，表现为言行过激等。

抑郁。被疫情的负性信息影响，人们感到持续低落，出现无力感，渐渐对周围的一切失去兴趣，食欲及睡眠也受到不同程度的影响。

3. 认知方面 认知反应有注意力不集中，缺乏自信，无法做决定，健忘，效能降低，不能把思想从危机事件上转移等。

4. 行为方面 行为上主要表现为社交退缩、逃避与疏离，不敢出门，容易自责或怪罪他人，不易信任他人等。

三、心理危机判断标准

根据心理危机的定义可知，个体是否达到心理危机，一般有以下三个判断标准。

一是个体存在具有重大心理影响的生活事件，如突然遭受严重灾难、重大生活事件或精神压力等。

二是出现严重不适感，引起一系列的生理应激反应和心理应激反应。

三是当事人惯常的处事手段不能应对或应对无效。

案例中的莉莉因为突发新型冠状病毒肺炎疫情，出现了不适应，产生了焦虑、抑郁、烦躁、敏感多疑、心跳加速等生理和心理的反应，且不能很好地去应对处理，上述反应都是个体针对意识到的重大变化或威胁而产生的身心整体性调适反应，即我们所说的应激反应。我们每一个人都或多或少会出现上述反应，这是疫情下的正常应激反应。但如果反应持续 4～6 周甚至更长时间，且影响工作和个人生活，这时就出现了心理危机。

四、心理危机后果

（一）心理危机的发展过程

一般来说，心理危机的发生会经历以下四个时期。

第一，冲击期。在危机事件发生后不久或当时，感到震惊、恐慌、不知所措。

第二，防御期。表现为想恢复心理上的平衡，控制焦虑和情绪紊乱，恢复受到损害的认知功能，但不知如何做。此时会出现否定、合理化等心理防御反应。

第三，解决期。积极采取各种方法接受现实，寻求各种资源想方设法解决问题，从而减轻焦虑，增加自信，恢复社会功能。

第四，成长期。经历了危机后变得更成熟，获得应对危机的技巧。但也有人消极应对而出现种种心理不健康的行为。

（二）心理危机产生的后果

从心理危机的后果来看，有以下四种不同结局。

第一，顺利渡过危机，并学会了处理危机的方法策略，提高了心理健康水平。这也是最常见的结果。

第二，渡过了危机但留下了心理创伤，影响今后的社会适应。

第三，经不住强烈的刺激而自伤自毁。

第四，未能渡过危机而出现严重的心理障碍。

链 接 急性应激反应

急性应激反应即急性应激障碍，是指在遭受到急剧、严重的精神创伤性事件后数分钟或数小时内所产生的一种急性精神障碍，常常由严重的创伤事件引发，如重大的自然灾害、战争等。一般在数天或一周内缓解，最长不超过1个月。

临床上常见的表现有创伤性重现体验、回避与麻木、情感反应迟钝、意识清晰度下降、人格解体或现实解体，或者表现为逃跑、神游、情感爆发等。有些患者在病情严重阶段可出现思维联想松弛、片段的幻觉、妄想、严重的焦虑抑郁，达到精神病的程度。但发生急性应激障碍的仅有少数。

素质拓展训练

素质拓展训练10-1 着陆技术

【活动目的】

通过学习着陆技术，关注外部现实世界，摆脱情绪痛苦。

【活动步骤】

1. 以放松或舒服的姿势坐着，睁大眼睛，慢慢深呼吸，再开始下面的练习。
2. 着陆练习。

心理着陆：和自己玩接龙游戏或非常详细地描述一种日常活动。

身体着陆：手握紧拳头，从一数到五，然后再慢慢放开或随身携带给你带来安全感的小东西。

舒缓着陆：想象一个安全的地方，想象你期待的事物或想象你最喜爱的事物。

【教师总结】

着陆技术是心理应激状态下常用的稳定化技术，你可以给着陆前后的情绪打分，看看着陆是否有效（0～10分，其中10分为“极度痛苦”），你可以选择一至多个对自己最有用的技术，持续使用。

第2节 大学生常见的心理危机与应对

一、大学生产生心理危机的原因

大学生心理危机的诱因很多，蔺桂瑞教授将其归纳为家庭、学业、恋爱、就业、经济、适应等八个方面。下面从以下八个方面进行陈述。

第一，父母关系不合、离异，造成心理创伤。

第二，社会就业竞争激烈。

第三，不适应大学生活环境。同宿舍的同学大多数是独生子女，各有各的个性，不能相互容纳，由此发生矛盾冲突，日积月累，却又不敢表达，这也是大学生比较常见的心理问题。

第四，不适应大学学习环境。某些学生上高中时，考大学的目标非常明确，上大学后，突然失去了目标，茫然失落。

第五，恋爱与失恋问题。无法处理恋爱中的矛盾冲突和失恋带来的心理创伤，是造成大学生心理危机较为常见的原因。

第六，性行为问题。一类学生是过于封闭自我，导致性压抑；另一类学生是过于开放，随便发生性关系，之后又非常后悔自责。

第七，就业观念滞后，就业期望值过高。部分学生和家长的观念陈旧，求职期望值高，与现实不符，从而造成极大的心理压力。

第八，贫富差距大。有的学生家里经济条件比较好，穿名牌衣服，过生日请同学吃饭等，部分学生不能很好地进行自我调节，从而产生强烈的落差等。

二、心理危机的筛查与识别

有效的筛查和识别对大学生心理危机干预能够起到很好的预防作用。那么，如何筛查心理危机？心理危机下，会发出哪些警示线索和信号？具体表现是什么呢？下面给出几点参考性建议。

第一，在心理健康测评中筛查出有心理障碍或心理疾病或自杀倾向的学生。

第二，遭遇突然打击或受到意外刺激后出现心理或行为异常的学生。如，家庭发生重大变故，身体患有严重疾病，遭遇性危机，感情受挫，受侮辱，受惊吓，与他人发生严重人际冲突后出现心理或行为异常等。

第三，学习压力、就业压力特别大，以及严重环境适应不良出现心理或行为异常的学生。

第四，因严重网络成瘾行为而影响其学习及社会功能的学生。

第五，性格内向、经济严重贫困且出现心理或行为异常的学生。

第六，有严重心理疾病（抑郁症、恐惧症、强迫症、癔症、焦虑症、精神分裂症等）的学生。

第七，近期发出下列警示信号，通过言语、行为、危机事件、情境等透露出线索或迫切需要帮助信号的学生。常见的信号：①谈论过自杀并考虑过自杀方法，包括在信件、日记、图画或乱涂乱画的只言片语中流露出死亡念头者；②不明原因突然给同学、朋友或家人送礼物，请客，赔礼道歉，无端致以祝福，述说告别的话等行为明显改变者；③情绪突然明显异常者，如特别烦躁，高度焦虑，恐惧，易感情冲动，或情绪异常低落，或情绪突然从低落变为平静，或饮食、睡眠受到严重影响等。

三、心理危机应对

当心理危机发生时，大学生应该如何积极应对，提高个体对危机的应对技能，下面给予三个方面的建议。

1. 正确看待压力、挫折和危机 人的认知犹如“过滤镜”，从积极的意义上看，适度的压力、挫折是维系正常心理功能的条件，有助于我们适应环境、提高能力、认识自身的长处与短处。同时，危机能激发潜能，使人在增长人生经历的同时提高自信心。

2. 争取社会支持 人是社会的人，人的发展离不开社会的支持。社会支持的作用一是屏障，二是支持本身所具有的意义和价值。大学生应该努力争取拥有良好的人际关系，温暖的亲情、亲密的爱情、和善的友情，这些都能让我们在危机中获得支持和力量。大学生应该善于寻求帮助，学会获得支持。

3. 营造积极的自我概念 提高自我调节能力的核心是营造积极的自我概念。自我概念不是遗传的结果，而是后天社会实践的产物。大学生应该如何营造积极的自我概念？成功可增强人的自我效能感、价值感，提高自信心，从事实践活动并力争获得成功是大学生营造积极自我概念的有效途径。

四、关于自杀

自杀指有意伤害自己的身体以达到结束自己生命的行为。当个体出现较严重的心理危机时，就容易出现自残或自杀的行为。如何正确看待和应对自杀问题，如何树立正确的生命观，是大学生心理健康的一个重要课题。

（一）可能产生自杀的原因

2006年冉超凤等在对四川某高校大学生心理健康调查中发现，有心理问题的学生占被调查学生总数的7.0%。其中有自杀意念的占有心理问题人数的37.0%，占被调查学生总数的2.6%。下面从以下几个方面进行阐述。

1. 学业不良 大学生缺乏良好的学习习惯，学习状态不佳，学习成绩不良，有考试不及格、补考、重修、考试作弊、修不够学分等事实。当其不良学习行为受到学校有关规章制度处罚时，既缺乏承担学习行为后果的责任感，又没有坦然面对的态度和勇气，于是走上绝路。

2. 情感挫折 大学生正确的性角色观念和性角色行为尚未完全建立，还不善于处理恋爱中的一些问题，难以应对和承受失恋的打击。

3. 适应不良 部分大学生进入大学校园后，对新的人际环境和生活环境不适应，恋家，情绪波动较大。

4. 家庭不良影响 在心理咨询中发现，自杀学生的人格表现、行为习惯及各种典型心理问题大都与家庭影响有关。

5. 个性缺陷、心理或生理疾病 如抑郁症等疾病会导致大学生产生自残或自杀行为。

6. 突发性生活事件 如突然得知予以退学，一时间无法面对和承受事实，选择自杀来逃避问题等。

值得注意的是，当数种原因集于一身时，自杀完成的现实性极高。

（二）自杀者常见的心理特征

自杀者往往伴随一系列明显的心理或行为表现，常见的表现如下。

1. 情绪低落 抑郁、悲伤等，进而使认知和判断发生歪曲。

2. 认知偏差 常表现为自我评价偏低，看问题绝对化等。例如，“我考试作弊，受了处分，我永远没有活路了。”常常过分关注某项困难而不会寻求除自杀之外的其他解决方法。

3. 性格过于内向 自杀者往往性格比较自卑、敏感、孤僻、抑郁，内心世界复杂而冲突，少与外人交流，内心想法缺乏表达的通道。

4. 负疚感 自杀者觉得自己学业不良，无脸见父母，活着是家庭的包袱，为减轻父母的经济负担，不如一死了之。

5. 无助感 认为自己的问题很严重，没有谁能帮助自己。

（三）心理干预

无论作为专业心理工作人员，或非专业人员，我们都可以对自杀采取积极的干预。那么，面对自杀心理，大学生可以采取哪些干预措施呢？

1. 积极关注 相信你的怀疑，那个人可能会伤害他自己，要对他表现出接受、关注和支持其活下去的态度。你还可以告诉他你很担心他。此外，将乐观的、充满希望的信息传递给患者，有助于患者接受帮助、解决问题。

2. 鼓励表达 鼓励自杀者表达负性情感，以及直接与自杀企图有关的问题，你可以询问一些直接的问题，如是否有自杀计划等。

请自杀者作出自我评价，如生与死的价值和信仰，积极与消极的情感，自我能力，精力、精神和躯体情况，让自杀者假设对其行为的责任。如果可能，让自杀者作出不会自杀的承诺。

3. 采取干预措施

（1）依据求助者自我毁灭的企图而采取不同的防备自杀措施。

（2）对“积极”考虑自杀或有自杀未遂证据的这类人，应密切防范其自杀冲动行为。

（3）消除引发自杀的外在因素，在可能的条件下改变居住环境。

（4）对自杀身亡者的家属密切监护，给予心理支持。

（5）自杀企图减轻后，鼓励他参加日常活动和体育活动，缓解其紧张和敌意。

作为大学生，如果你认为自杀的危险马上就会发生，不要让自杀者独处。在采取干预措施的同时，应积极上报并寻求帮助，你可以寻求辅导员、宿管阿姨、领导、警察等的帮助，这也是对自身和他人生命负责任的态度。

4. 建议寻求专业帮助

（1）鼓励自杀者参加心理治疗，提高其对应激的应对能力。

（2）帮助自杀者积极治疗与自杀有关的各种躯体疾病或精神疾病。

素质拓展训练

素质拓展训练 10-2 无条件积极关注练习

【活动目的】

通过练习，初步掌握无条件积极关注技术。

【活动步骤】

1. 两个同学为一组。

A：描述近期生活中的烦恼或困惑；B：无条件积极关注。

2. A 和 B 互换角色。

【教师总结】

无条件积极关注简单来讲就是不带批判性的态度，不作反对或赞成，仅仅去接纳和认同。练习的要点如下。

A：无条件的关怀、尊重与接纳（无条件）；

B：反对消极悲观，不带批判色彩（积极）；

C：包括身体的关注和心理的关注（关注）。

第3节 珍爱生命

对生命的思考是人类亘古不变的主题。生命对于每个人而言都是不可多得的奢侈品，每个人的生命只有一次。面对生命，探索生命存在的真谛和意义，应对生命的种种境遇，化解生命中的危机，是生命必须承载的使命。接受生命意义的教育和探索，树立科学的生死观和生命价值观，维护生命安全，是培养大学生正视生命、尊重生命、珍爱生命的责任感的基础，是尊重自我应具有的心理品质。

一、生命的结构

生命是什么？现代生物学给生命下的定义：生命是生物体所表现出来的自身繁殖、生长发育、新陈代谢、遗传变异及对刺激产生反应等的复合现象。生命的自然性包含从孕育、出生、成长、发展直至死亡的整个存在和活动过程。在这里，我们把生命分为自然生命、社会生命、精神生命三个维度。

1. **自然生命** 是就生命的物质形态而言，剔除了精神性生命和社会性生命的一种纯粹的生命形态。它无知无识，自得自足，代表着生命最原始的现实形态。

2. **社会生命** 是指个体走出自我限制的一种生命状态。它是个体生命和群体生命的必然延伸，具体表现为生命与生命之间相互交往的一个现实过程，如家族、种族和民族的延续。社会生命是人生的真正内涵和本质所在。

3. **精神生命（亦即永恒生命）** 这是心理学和哲学层面的，近似于不以人的意志为转移的规律性，它传感真谛、承系天地、永世长存。

生与死都是自然的状态。生命的终端是死亡，但人的生命使命并不是死亡，而是在从生到死的过程中，不断去丰富生命的内涵，享受生命的发展过程，实现人生的自我价值和社会价值。面向死亡，我们显得是那么的渺小而无力，我们只有通过物质世界的创造，将自然的生命转化为一种精神生命时，才能将有限的生向无限的生延续。

二、大学生常见生命困惑

受年龄和人生阅历的限制，部分大学生不能很好地理解生命的内涵，存在对生命的困惑，常见的困惑包括下面几个方面。

（一）生命价值的缺失

活着，是人的生命价值的第一要义。能够通过自己生命的活动为自己的生存和发展创造出更高的物质价值和精神价值，这便是人的生命价值的第二要义，即一个人生命发展的价值。

大部分大学生懂得关爱身心的健康，但很难将健康落实到具体的道德、责任及行动中，如作息不规律等；部分学生懂得珍爱自我的生命，但却漠视他人的生命；部分大学生对生命的起源和个体生命诞生有一定的了解，但是没有真正理解生命的第二要义，不懂得如何去追寻生命的价值。

（二）生命目标的失落

现实生活中，部分大学生生活满意度低，“郁闷”“迷茫”……认为生活前景黯淡，容易陷入堕落颓废的状态；部分大学生因为个人身份、社会地位、家庭出身等原因，认为生命是不平等的，从而放弃自我努力，不能对未来的职业进行合理规划，企图寻求生命的捷径。

（三）生命社会化的困惑

人的价值是人的自我价值和社会价值的辩证统一。受多元文化的冲击，部分大学生生命责任感比较强，但是呈现物质化、自私化的倾向。一些大学生由于缺乏对生命应有的责任心，遇到苦难和挫折时，容易产生逃避和退缩心理，不敢去面对，少部分人甚至表现出对自杀的认同，导致对自己的生命随意处置，忽视自我价值和社会价值的实现。还有部分大学生缺乏生命的信仰，崇尚享乐主义，将生命游戏化，整天沉迷于游戏、逛街购物等。

三、培养珍爱生命的品质

狭义上的生命教育就是指对生命本体的教育，即通过开展生命教育使我们了解生命的起源、诞生、成长，从而追寻生命的意义，实现生命的价值。大学生应该如何做到敬畏生命、珍爱生命呢?

(一)活在当下，活出更好的自己

1. 体验生命的美 大学生用生命审美的意识来实现生命个体的崇高价值，生的意义首先是努力地活着，而努力活着的过程就是一种精神成长的过程。

2. 逆境中成长 既然挫折无可避免，那么就面对挫折，大学生应主动求助、互助支持，在团队中获得安全感和归属感，通过挫折和痛苦的磨砺获得成长。磨难是弯路，却也可以让我们体验到沿途的美。

3. 在学习和实践中感悟 对生与死的思考是我们终生的课题，我们可以通过不断阅读、与人交流、向榜样学习等途径不断领悟和发现自我生命的意义；通过不断实践，实现个人生命的价值，让有限的生命绽放无限的光彩。

(二)培养尊重生命的理念和行为

1. 尊重生命 死亡就像一面镜子，从中可以看到生命的有限、生命的历程和生命的美好。因此，死亡教育具有深刻的生命意义。大学生应以死观生，重建生命信念，充分领悟和把握人生的价值，让自己在短暂的生命中活出精彩。

2. 对生命负责 价值是人的生命特有的一种精神超越。生命是一种责任和承诺，即使输掉一切也不能输掉对生命的信念，要对自己、亲人和社会负责任，积极主动创造生命价值，在不懈的追求与奋斗中去实现人生价值。

3. 感恩生命 感恩是一种对自然、社会、他人的尊重，是对自然规律、社会规律和生命价值的敬畏与崇拜。

4. 敬畏生命 长途跋涉的人生道路上，敬畏生命是人必需的一种情怀和信念，大学生需要时时敬畏生命，才能保持生命的生机。因此，敬畏生命是善待生命、珍爱生命、呵护生命，化解生命中的危机，有序地追寻完成生命的使命。

素质拓展训练

素质拓展训练 10-3 临终遗言

【活动目的】

通过面对必然死亡时未竟的事情，体会到时光珍贵、生命有意义，从而度过有意义的人生。

【活动步骤】

1. 写下你的心愿。假设自己得了绝症，生命只有最后一年时间了，请在 5 分钟内写出自己在仅有的一年中最想做的 10 件事情：

1. ____________________
2. ____________________
3. ____________________
4. ____________________
5. ____________________
6. ____________________
7. ____________________
8. ____________________
9. ____________________
10. ____________________

2. 同学相互分享。

【教师总结】

生与死是相互联系和对立的。生，是生命的肯定；死，是对生命的否定。生命对每个人来说都只有一次，通过体验活动，希望同学们能更加珍惜生命，实现生命的意义。

本章小结

本章介绍心理危机的定义、发展阶段、筛查诊断及心理危机干预。同时，通过对危机的认识进行生命教育，了解生命的内涵、生命的意义，从而培养珍爱生命的品质，学会珍爱生命，实现生命的价值和意义。

收获与成长

通过本章的学习，我收获了____________________

____

____

____

____

自测题

1. 思考心理危机的识别和诊断标准，并说说应该如何进行心理干预。
2. 以“生命可以这样活”为题，写一篇作文。

（方　颖）

第 11 章

自我完善与成长发展

“理性、健康、和谐、成长发展”是大学生心理健康教育的理念，本书前十章从理性自我认知（第 2 章）、与他人和谐相处（第 5、6、9 章）、自我成长与幸福（第 4、8、10 章）三个维度阐释当代大学生如何积极维护心理健康、培养积极心理品质。本章在此基础上将从培养健全人格、完善社会支持系统、提升幸福感三个方面阐述大学生应当如何自我完善与成长发展，引导大学生积极悦纳自我，发展优势品格；建立亲密关系，完善社会支持；体验积极情绪，感受幸福，实现生命的意义。

第 1 节　培养健全的人格品质

人格是指一个人的整体精神面貌，即具有一定倾向性的各种心理特征的总和。本教材第 2 章详细介绍了自我认知中最重要的自我意识和人格方面的内容。大学生在自我探寻的过程中，常常会出现各种偏差：有时会高估自己，自我感觉过好；有时又会贬低自己，自惭形秽，这些偏差或困扰是大学生成长过程中必然要经历的。大学生通过不断的自我完善，培养健全人格，才能正确对待自我、他人和社会，调控情绪，处理好各种关系。

一、健全人格

健全人格是一个结构性概念，是各种良好人格特征在个体身上的集中体现，它体现了人的基本精神面貌和意识倾向，是品德和行为习惯的基础，是健康心理、积极心理品质和良好个性心理特征的集中反映。方俊明教授就把知、情、意三方面达到高层次的发展水平且协调配合得很好的高均衡性的心理结构看作是健全的人格结构。

健全人格是一个相对的概念。当个体在人格发展出现了偏离或障碍时，就需要加以纠正和解决，这个过程就是人格的健全过程。个体在人格发展过程中出现的不平衡、不协调的情形称为人格不健全。反之，人格发展平衡、和谐的正常状态，称为人格健全。

大学生拥有健全的人格主要表现为具有积极心理品质和自尊自信、理性平和、积极向上的心态，能自我调节和管理情绪，做到自立自强、坚忍乐观，提高心理健康水平和职业心理素质。

二、塑造健全人格

每个人完全有选择人格发展方向、自我塑造人格的自由和自主性。遗传因素、早期经验、家庭教育、学校教育及社会文化等多种因素都会对人格的形成产生重要影响。而人格形成的标志就是自我意识的确立和社会化的完善。前者标志着形成了个体有别于他人的心理内涵；后者标志着完成了社会角色的认同。大学生应当如何塑造健全的人格？下面从气质、性格、自信心三个方面进行阐述。

（一）气质不同，扬长避短

我们一出生就是带着自己独特的气质特点来到这个世界的。虽然气质由生物遗传因素决定，无法随意改变，但却可以充分了解，做到扬长避短。气质无好坏之分，每一种气质类型的人都有杰出的人物。如胆汁质的人虽然容易冲动，但是热情爽快，敢于尝试，可以多做需要冲锋陷阵和充满挑战的工作；灵活机智的多血质的人擅长与人打交道，适合做外交营销类的工作；黏液质的人性格内向，但却非常有毅力，适合做需要耐心细致的工作；抑郁质的人虽然多愁善感，但情感体验丰富，艺术感悟力强。

（二）积极行动，改变性格

性格在后天环境中养成，性格的形成并非一朝一夕，但是只要通过自我的不断努力，就可改变性格，甚至可以弥补气质先天不足。不妨试试下面的方法。

1. 学习感恩　每日进行感恩练习：多用感恩的语言，多采用感恩的行动，进行感恩记录，如谢谢、微笑、感恩的礼物、祝福、书写感恩日记等。

2. 专注用心　进行专注、冥想训练，每日给自己一个主题，将注意力集中在主题上，时间持续 15 分钟。通过专注、冥想可以让我们提高内在的感知力，更加体验到生活的幸福。

3. 学会倾听　如果有人和你说话，请心情愉快地回答他，然后闭上自己的嘴。因为学会倾听是一项非常重要的技能，也能培养你的自制能力。

4. 学会规划　在前一天晚上，以 30 分钟为一阶段写出第二天的日程表，而且第二天按日程表行动。

5. 拓展见识　一周选择一天，走进图书馆或博物馆，尽可能地去以前从未去过的地方，体验知识带给自己的愉悦。

6. 体会快乐　先把快乐的事情逐一写下来，然后尽可能多地陶醉在那些往事的回忆之中，真正地体会那些往事的美好。

（三）战胜自卑，超越自我

认识自我的最终目的是调整自我和超越自我。只有不断调整、不断超越，才能“遇见最好的自己”。很多时候我们觉得超越自我很难，就放弃了希望和努力。其实并不是因为事情难我们不敢做，而是因为我们不敢做事情才难。超越自我应该注意以下几点。

1. 识别自己的优势　每个人都有天生的优势，每个人身上都蕴藏着巨大的潜能，每个人都有属于自己的成功。最重要的是，每个人应该知道自己的优势是什么，然后将自己的生活、工作和事业发展都建立在这个优势之上，这样才更有利于成功。

2. 找到适合自己的位置　每个人都有适合自己的位置，只有找对了位置，才有可能获得成功。吹毛求疵的人是好的质量监督员，谨小慎微的人是称职的安全生产监督员，眼尖嘴利的人是优秀的纪律监督员，斤斤计较的人是最合适的仓库验收员，抛头露面的人是搞公关的最佳人选。所有这些表面上的缺点，只要放到了合适的地方，就是最大的优点。

3. 找准自己的方向　选择自己热爱的事业，这样才能在学习和工作中充满激情与想象力，充分发挥出自己的潜能。

4. 挖掘自己的潜能　人一生要战胜的最大敌人就是自己。在自我成长的路途中，我们应该相信成长并没有想象中的那么困难。不要人为地为自己设定上限或下限，应该多给予自己尝试的机会；也不要害怕困难，因为一个障碍的处理就是一个超越自我的契机。也只有这样克服一个又一个的困难，才能真正战胜自己、超越自己。

5. 培养成功的品质　改变消极被动的习惯，培养乐观积极的人生态度；坚持自己认准的目标，培养坚忍不拔的毅力；学会分享与合作，加强团队沟通等。

素质拓展训练

素质拓展训练 11-1 镜像暗示

【活动目的】

通过镜像进行积极的自我暗示，从而增强自信心。

【活动步骤】

1. 站在镜子前，确保可以看到身体的上半部分。

2. 脚跟并拢，抬头挺胸收腹，做几次深呼吸。

3. 凝视镜中自己的双眼，对着镜子中的（我）坚定地说："我很快乐，我很漂亮，我很阳光，我心情很好。"或者告诉自己："我一定会得到自己想要的东西。"还可以把自己喜欢的口号写在镜子上。

我的镜子[写给镜中（我）的话]

____

____

____

____

____

____

【教师总结】

通过不断的积极暗示，你会慢慢感受到自身发生的变化。

第 2 节　建立有效的社会支持系统

社会支持是指我们在生活中所感受到的来自周围他人情感上的关注和支持。社会支持在压力、应激源及应激行为之间起着缓冲作用，社会支持通过减轻压力和应激而对免疫功能产生影响。正因为如此，本教材在第 5 章、第 6 章、第 9 章，详细介绍了个体与他人的关系，主要包括友情、爱情和亲情。

一、相逢是一首歌——友情

大学校园是一个小社会，大学生每日都要和不同的人、在不同的场景下打交道，人际交往成了大学生活中比较棘手的问题。交际困难已经成为诱发大学生心理问题的首要因素，常常表现为难以和别人愉快相处、没有知心朋友、缺乏必要的社交技巧、过分委曲求全等，以及由此而引发的孤单、苦闷、缺少支持和关爱等痛苦感受；久而久之，容易形成抑郁症、社交恐惧症等心理疾病。第五章详细介绍了人际交往的相关知识，下面对大学生的人际交往提出几点参考建议。

1. 重视人际关系的重要性　要将人际关系的锻炼作为自己大学生涯的必修课，自觉、自发、自动地锻炼自己的人际交往能力。

2. 学习人际交往技巧　人际交往是一门艺术，需要通过学习来掌握如何与人沟通，如参与人际交往课程的学习、阅读一些人际交往指导方面的书籍等。

3. 要有主动交往的意识　很多学生人际关系不良，主要是因为缺乏主动交往意识。希望别人先对自己示好，被动等待，守株待兔，等来的往往是伤心失望。其实，只要主动伸出自己的友好之手，结果会大不相同。

4. 保持积极的心态　刚开始交往时，可能会遇到一些尴尬甚至困难，但不要气馁，要大胆与同学交往。同时要多换位思考，站在对方的角度想问题，学会包容和理解。平时保持乐观开朗的心态也能增加人际交往时的魅力指数。

5. 实践积累经验　主动尝试与人交往，如多参加一些学校的社团活动等，日积月累，你的人际交往能力会越来越强，人际关系也会越来越好。

二、执子之手，与子偕老——爱情

大学校园是一个特殊的社会环境，共同的集体生活和学习方向使大学生们相互接近，再加上正值情感的萌发期，很容易擦出爱的火花。第六章就曾仔细探讨了与爱情有关的话题。然而，在这浪漫爱情画面的背后却也隐藏着不少问题。大学校园里，到底有多少大学生在谈恋爱？成功率怎样？如何处理恋爱与学业的关系？如何能不为情所困？如何面对失恋？

爱情是美好而甜蜜的，但是不具备爱的能力的人，只能收获爱的苦果，难以尝到爱的甘甜。弗洛姆曾经说过，爱是一种能力，也是一种艺术。要掌握爱的艺术，一要掌握理论，二要学会实践，三要赋予爱以最大的关切。如何获得美好的爱情？如何去建立、发展健康的恋爱关系？如何保持爱情之花绚烂？这些都需要培养爱的能力，学会爱自己，爱他人，在爱中学会成长。

三、谁言寸草心，报得三春晖——亲情

亲情是一个人善心、爱心和良心的综合表现；孝敬父母、尊敬长辈是做人的本分，是天经地义的美德，也是各种品德形成的前提。试想一个人如果连孝敬父母、报答养育之恩都做不到，谁还相信他是个可以信任的人呢？又有谁愿意和他打交道呢？第十章分析了家庭结构、家庭对于个体的塑造，以及对建立亲密关系的影响，对如何建立和谐的亲子关系、享受温暖的亲情也提出了很好的建议。

亲情是我们心理发展的原动力，个体三个最重要的自我要素是在亲情的呵护下形成的。它们包括：①依恋体验，产生爱和被爱的能力；②客体关系，获得依赖与独立，并信任他人的能力；③自我认同，协调自卑与自尊，创造与发展的能力。在最无助的人生路上，亲情是最持久的动力，给予我们无私的帮助和依靠；在最寂寞的情感路上，亲情是最真诚的陪伴，让我们感受到无比的温馨和安慰；在最无奈的十字路口，亲情是最清晰的路标，指引我们成功到达目的地。在人的一生中，父母的关心和爱护是最真挚、最无私的，父母的养育之恩是永远也诉说不完的。可以说，父母的恩情比天高，比地厚，是人世间最伟大的力量，也是生命的动力与源泉。大学生应当积极感受亲情的温暖，懂得珍惜，学会感激父母的养育之恩。

素质拓展训练

素质拓展训练 11-2　领悟社会支持量表（PSSS）

指导语：以下有 12 个句子，每个句子后面各有 7 个答案①②③④⑤⑥⑦。请根据自己的实际情况在每句后面选择一个答案。例如，选择①表示你极不同意，即说明你的实际情况与这一句子极不相符；选择⑦表示你极同意，即说明你的实际情况与这一句子极相符；选择④表示中间状态。以此类推。

1. 在我遇到问题时有些人（老师、亲戚、同学）会出现在我的身旁。(　　)
2. 我能够与有些人（老师、亲戚、同学）共享快乐与忧伤。(　　)
3. 我的家庭能够切实具体地给我帮助。(　　)
4. 在需要时我能够从家庭获得感情上的帮助和支持。(　　)
5. 当我有困难时有些人（老师、亲戚，同学）是安慰我的真正源泉。(　　)
6. 我的朋友们能真正地帮助我。(　　)
7. 在发生困难时我可以依靠我的朋友们。(　　)
8. 我能与自己的家庭谈论我的难题。(　　)
9. 我的朋友们能与我分享快乐与忧伤。(　　)
10. 在我的生活中有某些人（老师、亲戚、同学）关心着我的感情。(　　)
11. 我的家庭能心甘情愿地协助我作出各种决定。(　　)
12. 我能与朋友们讨论自己的难题。(　　)

结果解释：

PSSS 的主要统计指标为总分，选①计 1 分，选②计 2 分，以此类推。在自评者评定结束后，将 12 个项目的各个得分相加即得总分。得分越高，说明社会支持系统越好；反之越弱。得分＜32 分，说明你的社会支持系统存在严重问题，可能和你的个性有关。得分＜50 分，说明社会支持存在一定问题，但不是很严重。

素质拓展训练 11-3　我的支持系统

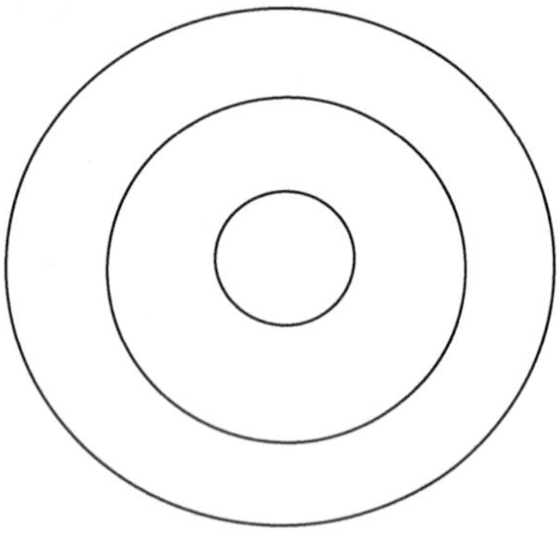

【活动目的】

发现自己的支持系统。

【活动步骤】

1. 把自己的名字写在最里面的圈内。

2. 根据获得心灵支持的程度，由内向外（越靠近中心，表示支持的力度越大）依次填写支持你的人。

3. 小组分享：

他们为什么会成为你的支持系统？

你从他们那里，获取了哪些支持和力量？请举例说明。请你对他们说一句心里话。

【教师总结】

每个支持、理解、帮助你的人组成你的支持系统，使你健康快乐地成长；同时，你对别人的理解、感激、宽容、支持，也会成为别人的支持系统。

第 3 节　成长与幸福

幸福到底是什么？每个人在心中都有自己的幸福标准。本书第 4 章、第 8 章、第 10 章的内容都与幸福的积极感受直接相关。那么，大学生应该怎样谱写大学生活的主旋律？如何快乐、幸福地度过大学时光呢？培养科学理性的幸福观，修炼提升创造幸福的能力是作为大学生自我成长、融入新时代、拥抱幸福美好明天的心理资本。

一、幸福的定义

幸福是人的迫切而合理的需要通过正当途径得以实现或部分实现时的心理体验，是一种身心一致的愉悦感，是一种主观感受现实生活和谐美好的心理体验。

幸福的生理基础源自人脑分泌的一种化学物质多巴胺（dopamine，DA）。在有人赞美你、送你鲜花或享用美食的时候，幸福的感觉不仅仅写在脸上，同样你的身体里也会出现一种兴奋状态，大脑也会出现一种兴奋状态。当感到幸福时，心跳要比平时每分钟快 3～5 次，体温也要升高 1/10 摄氏度，因为供血得到了改善。

此外，幸福的产生有赖于人的行为活动。只有通过具体的行为活动，我们才能认知幸福的事物，满足自己各种各样的需要，进而产生幸福的情感。

二、幸福的要素

构成幸福的要素很多，满意感、快乐感和价值感是幸福有机统一的整体，也是幸福的三个层次，当三者平衡和谐时，幸福才可能处于持续和谐的状态。积极心理学之父马丁・塞利格曼认为幸福包含五个因素。

1. 丰富的积极情绪　积极情绪状态下，更容易采纳他人的观点；积极情绪使我们看到更多自己和伙伴的相似之处；积极的情绪状态还能让人在完成工作的同时获得满足；积极情绪还有助于人们了解不同群体之间的联系和共性，从而拉近与其他群体的距离。

2. 高度的沉浸体验　“沉浸体验”指个体完全地沉浸于体验本身，而体验本身就是好的奖赏和动机。个体受内部动机驱使，在追求完成具有挑战性目标、能够掌控的任务时，能够进入全神贯注和高度的忘我状态，甚至时间知觉都会被拉长，而且往往伴随着一种享受沉浸其中、其乐无穷的高峰体验。

3. 和谐的社会关系　是幸福的一个重要决定因素。大学生如果每日花一些时间和他人进行深入的交谈，能有效提高幸福感。

4. 有意义的生活和工作　每个人对生活的理解不同，渴望也不同。重要的是要明白你到底想要什么样的生活。追寻你渴望的生活并努力实现，这就是有意义的生活！

5. 不断涌现的成就感　成就感是指愿望与现实达到平衡时产生的一种心理感受。成就不一定是很大的目标实现所带来的良好感觉，某种小目标的实现也可以带来成就感，成就感又会促使自己更加努力去实现自己其他的目标。

三、感受幸福

幸福是一种主观感受，它是一种快乐的心态，更是一个持续的追求过程。幸福是一种能力，可以通过不断的学习获得。那么，大学生应该如何感受和体验幸福呢?

1. 增加积极的情绪体验　用乐观的心态面对问题，如笑、寻找积极的体验、与家人或朋友在一起、从事喜欢的工作；积极了解问题本身，获得对情境的控制，如拥有积极的信念、从事建设性行为等。

2. 不断尝试新事物　新的体验会让你激发出更多的潜力，发现更多的生活乐趣和幸福。走出舒适区，尝试新事物和新的生活方式不仅能让脑神经细胞充分驱动起来，还能刺激肾上腺素的分泌，使人开心愉悦，同时使我们有更开阔的眼界，学习工作会更加有效率。在大学阶段，学习新课程，到一个新地方旅行，结交新朋友，鼓起勇气去做原来想做又一直未做的事，就是尝试新事物的方式。

3. 学会倾诉　当负性的生活事件发生时，刻意压抑反而会不利于事件的应对。将负性事件写下来，或者向他人倾诉，可能会帮助人们更好地理解那些事件，然后轻装前行。即使只是“与日记对话”，甚至只是写下自己未来的梦想和人生的目标，倾诉也都是大有裨益的。同时，通过倾诉，也可以感受到来自他人情感上的关注和支持，有利于完善和巩固社会支持系统。

4. 自我调控与自我满意　在社会生活中，自我调控机制能够增强自我满意感和幸福感。自我调控有如下几个方法。

（1）延迟满足：就是我们常说的“忍耐”“节制”，是指为了追求更大的目标，获得更大的享受，可以暂时克制自己的欲望，放弃眼前的诱惑。在现实生活中我们不难发现，忍受眼前的诱惑，一段时间之后再满足自己的需求，我们所体验到的情绪要比及时获得而体验到的情绪更积极、更强烈。

（2）自我提升：是指追求积极自我形象和肯定自我的内驱力，以满足增强自尊、提高自我价值感、寻求积极自我认知的需要。

素质拓展训练

素质拓展训练 11-4　我的幸福清单

【活动目的】

通过思考，挖掘幸福体验，从而感受幸福。

【活动步骤】

1. 请你回忆或罗列出能让你感觉幸福的 6 件事。

____

____

____

____

____

____

2. 请你对这些幸福进行分类（可重复选择）：

属于物质幸福的有______________________________

属于精神幸福的有______________________________

属于过程幸福的有______________________________

属于结果幸福的有______________________________

你还可以尝试进行内在幸福、外在幸福及心灵幸福的分类。

【教师总结】

有时幸福很简单。

通过上面的练习，你有什么新的感受，可以和同学分享。

素质拓展训练 11-5　主观幸福感测验

指导语：请仔细阅读下面的每一语句，参照你在大多数时间的生活状况，在相应的内容后记上自己的得分。其中 1 为“完全不符合”，2 为“不符合”，3 为“有点不符合”，4 为“说不清”，5 为“有点符合”，6 为“符合”，7 为“完全符合”。请按照你的真实想法和感受，而不是觉得应该采取的方式做答，这一点非常重要。

1. 我的朋友们对我很友善。(　　)
2. 我喜欢和我的父母在一起。(　　)
3. 我在学校里感到不舒服。(　　)
4. 我希望自己住在别的地方，而不是现在的地方。(　　)
5. 基本没有人强迫我做自己不喜欢做的事。(　　)
6. 我在学业上取得了理想的成就。(　　)
7. 我生活的环境周围有很多不如意的事。(　　)
8. 基本上我都能按照自己的愿望行事。(　　)
9. 我对我的学业状况满意。(　　)
10. 如果我需要，我的朋友们都会帮助我。(　　)
11. 我喜欢与我的家人待在一起。(　　)
12. 学校的很多事情我都不喜欢。(　　)
13. 我生活的地方社会治安好。(　　)
14. 基本上我有自主选择的自由。(　　)
15. 与多数的同学相比，我在学校的发展较全面。(　　)
16. 我的朋友们对我很好。(　　)
17. 我的家人在一起相处很和睦。(　　)
18. 我喜欢去上学。(　　)
19. 我生活的地方社会风气好。(　　)
20. 我在课余时间能做自己喜欢做的事。(　　)
21. 与我的同学相比，我在学校得到的荣誉较多。(　　)
22. 我的朋友对我很小气。(　　)
23. 我的父母能平等地对待我。(　　)
24. 我喜欢学校的生活。(　　)
25. 我们生存的世界是和平安宁的。(　　)
26. 基本上没有人干涉我的生活。(　　)
27. 我觉得自己在同伴中很有面子。(　　)
28. 我的家庭成员之间互相讲话很友善。(　　)
29. 我在学校的生活很有趣。(　　)
30. 我在学业上很有成就感。(　　)
31. 我与我的朋友在一起有很多趣事。(　　)
32. 我和我的父母在一起能愉快地交谈。(　　)
33. 我喜欢学校的活动。(　　)
34. 我有很多朋友。(　　)
35. 大多数时候我喜欢家长的教育方式。(　　)
36. 我的同学都很尊重我。(　　)
37. 我在自己的同伴中很有威信。(　　)

结果解释：

该量表以总分为主要统计指标，总分越高，表明主观幸福感越好；反之，主观幸福感和生活满意度越差。量表分为六个子维度。

友谊满意度：包括 1、10、16、22、27、31、34、36、37 题；

家庭满意度：包括 2、11、17、23、28、32、35 题；

学业满意度：包括 6、9、15、21、30 题；

自由满意度：包括 5、8、14、20、26 题；

学校满意度：包括 3、12、18、24、29、33 题；

环境满意度：包括 4、7、13、19、25 题。

本章小结

本章从优化人格、完善社会支持系统、积极体验幸福三个维度阐释当代大学生如何积极维护心理健康。大学生只有通过积极自我悦纳，不断发展优势品格，建立和完善社会支持，体验积极情绪，实现生命的意义，才能最终实现自我的完善和成长。

收获与成长

通过本章的学习，我收获了____

____

____

____

____

____

自测题

1. 幸福的内涵及五因素是什么？
2. 有人说幸福和快乐是一样的，你认为这种说法对吗？为什么？
3. 大学生可以通过哪些不同的途径调适自我的主观幸福感？
4. 你认为人生有什么意义呢？幸福的真谛又是什么呢？谈谈你的理解。

（陈劲松）

主要参考文献

埃里克·H. 埃里克森，2015. 同一性：青少年与危机. 孙名之，译. 北京：中央编译出版社.

贝姆·P. 艾伦，2011. 人格理论：发展、成长与多样性. 5 版. 陈英敏，纪林芹，王美萍，等译. 上海：上海教育出版社.

伯尔·吉利兰，理查德·詹姆斯，2000. 危机干预策略. 肖水源，等译. 北京：中国轻工业出版社.

陈光磊，黄济民，2008. 青少年网络心理. 北京：中国传媒大学出版社.

陈小异，王洲林，2015. 学习心理学. 重庆：西南师范大学出版社.

戴晓阳，2010. 常用心理评估量表手册. 北京：人民军医出版社.

方俊明，1990. 认知心理学与人格教育. 西安：陕西师范大学出版社.

盖瑞·查普曼，2018. 爱的五种语言：创造完美的两性沟通. 王云良，陈曦，译. 南昌：江西人民出版社.

郭念锋，2017. 心理咨询师. 北京：中国劳动社会保障出版社.

胡凯，2012. 大学生网络心理健康的标准. 思想政治教育研究，28（3）：133-135.

李龙，李晨光，陈恒英，2018. 大学生心理健康教育. 重庆：重庆大学出版社.

林崇德，2000. 关于创造性学习的特征. 北京师范大学学报（人文社会科学版），1：56-63.

罗纳德·理查森，2018. 超越原生家庭. 牛振宇，译. 北京：机械工业出版社.

马丁·塞利格曼，2010. 真实的幸福. 洪兰，译. 沈阳：万卷出版公司.

潘小莉，2015. 大学生心理健康教育. 北京：高等教育出版社.

潘允康，2018. 婚姻家庭社会学. 北京：北京大学出版社.

桑志斤，邓旭阳，2006. 大学生心理素质训练. 上海：上海教育出版社.

唐文辉，2018. 大学生亲子冲突及其建设性转化的研究——基于南京市六所高校的调查. 南京：南京师范大学.

汪向东，王希林，马弘，等，1999. 心理卫生评定量表手册（增订版）. 北京：中国心理卫生杂志社.

王振宏，吕薇，杜娟等. 大学生积极情绪与心理健康的关系：个人资源的中介效应[J]. 中国心理卫生杂志，2011，25（7）：521-527.

王振宇，2000. 儿童心理发展理论. 上海：华东师范大学出版社.

维克多·弗兰克尔，2010. 活出生命的意义. 吕娜，译. 北京：华夏出版社.

文忠波，谢鑫涛，杨明莎，等，2019. 大学生网络使用情况调查——以攀比枝花学院为例. 中国校外教育，8（24）：17-18.

杨小丽，孙宏伟，2017. 大学生心理健康教育. 2 版. 北京：科学出版社.

岳素萍，张瑞平，2017. 大学生心理健康教育. 北京：首都师范大学出版社.

钟谷兰，杨开，2016. 大学生职业生涯发展与规划. 2 版. 上海：华东师范大学出版社.

教学基本要求

一、课程性质和课程任务

《大学生心理健康》是一门公共基础必修课程，属于素质教育课程。本课程的主要任务是帮助大学生正确认识和处理成长、学习、生活和就业中遇到的心理行为问题，并运用心理健康的知识和方法，促进其身心全面和谐发展。根据《高等学校学生心理健康教育指导纲要》（教党〔2018〕41号）文件，建议该课程设置36个学时，2个学分。其中理论学时24学时，实践学时12学时。

二、课程教学目标

（一）职业素养目标

1. 具有健康的心理和认真负责的职业态度，能给予服务对象人文关怀。

2. 具有健全的自我意识，能正确认识自我和接纳自我，在与服务对象交往过程中做到自尊、自爱、自信。

3. 具有正确的择业、就业观念，能确定符合自身特点的职业方向，形成专业所需要的职业心理素质，提高职业适应能力。

4. 具有勤学善思的学习习惯、细心严谨的工作作风、较强的适应能力，拥有团队合作的职业意识及享受良好的沟通能力，关心尊重爱护患者，并运用人际交往的原则和方法，与患者建立良好的医患关系。

5. 具有终身学习的理念，在学习和实践中不断地思考问题、研究问题、解决问题。

6. 具有识别、管理、调节情绪的能力，运用情绪调节的方法积极调适自身与服务对象的情绪，提升情商。

7. 具有仁爱精神，能够正确认识和处理挫折，树立正确的生命价值观念，珍爱生命、感恩生命、敬畏生命、善待生命。

（二）专业知识和技能

1. 理解心理健康、危机干预、挫折等基本知识，掌握心理健康的标准、心理危机调节与应对的方法、调节压力的方法、提升心理健康的途径。

2. 理解自我意识、人格、职业发展理论的概念，了解大学生自我意识特点、常见问题等，掌握积极人格塑造、职业决策和职业评估的方法。

3. 了解情绪与情感的基本知识，理解大学生常见的情绪问题，掌握调节情绪、激发积极情绪的方法。

4. 了解人际交往和人际关系、家庭的相关理论，掌握人际交往的方法，亲子沟通的方法、增进亲子关系。

5. 了解爱情的本质、构成要素、性心理发展知识，具有表达爱、辨别爱、培养和发展爱、解决恋爱冲突能力、正确处理恋爱困扰方法等。

6. 了解生命的内涵及生命观，理解幸福的内涵，掌握提升幸福感的途径。

三、教学内容和要求

教学内容	教学要求			教学活动参考
	了解	熟悉	掌握	
一、导论：走进心灵				理论讲授 多媒体 团体活动 心理测验
（一）大学生心理健康概述				
1. 健康和心理健康的概念		√		
2. 心理健康的标准			√	
（二）大学生常见心理困扰及调适				
1. 自我认知问题及调适	√			
2. 职业发展问题及调适		√		
3. 学习问题及调适		√		
4. 情绪问题及调适		√		
5. 人际关系问题及调适		√		
6. 网络问题及调适		√		
7. 挫折和压力问题及调适		√		
8. 心理危机问题及调适		√		
（三）提升大学生心理健康的途径				
1. 大学生心理健康的维护与提升		√		
2. 学校大学生心理健康教育体系的构建	√			
二、自我认知与职业发展				理论讲授 多媒体 团体活动 心理测验
（一）自我意识				
1. 自我意识相关概念		√		
2. 大学生自我意识的发展		√		
3. 大学生自我同一性的建立			√	
（二）自我认知、职业生涯发展及人职匹配				
1. 自我认知		√		
2. 职业生涯发展	√			
3. 人职匹配		√		
（三）大学生常见的职业心理与调试				
1. 大学生常见的职业心理困扰		√		
2. 职业心理的积极调适			√	
三、有效学习与时间管理				理论讲授 多媒体 团体活动 心理测验
（一）学习原理概述				
1. 认识学习	√			
2. 学习的类型		√		
3. 影响学习的心理因素		√		
（二）大学生常见的学习困扰				
1. 一般学习困扰及应对		√		
2. 常见的学习心理障碍及应对			√	
（三）有效的学习策略与时间管理				
1. 有效的学习策略			√	
2. 时间管理			√	
四、大学生情绪认知与情绪管理				理论讲授 多媒体 团体活动 心理测验
（一）情绪与情绪健康				
1. 情绪概述		√		
2. 情绪状态的分类	√			
3. 情绪健康			√	
（二）大学生情绪特点及困惑				
1. 大学生的情绪特点		√		
2. 情绪对大学生发展的影响		√		
3. 大学生常见的情绪困惑		√		
（三）大学生情绪调控与管理				
1. 培养情绪的觉察能力			√	
2. 提高情绪的理解能力			√	
3. 增强情绪的应对能力			√	
五、积极心态与人际交往				理论讲授 多媒体 团体活动 心理测验
（一）人际交往概述				
1. 人际交往和人际关系		√		
2. 人际交往的重要意义	√			
3. 人际交往的发展过程	√			

续表

教学内容	教学要求			教学活动参考
	了解	熟悉	掌握	
4. 健康人际交往的特点	√			理论讲授 多媒体 团体活动 心理测验
（二）大学生人际交往的现状				
1. 大学生人际交往的特点		√		
2. 影响大学生人际交往的心理因素		√		
3. 大学生人际交往中的不良心理状态与调适		√		
（三）大学生人际交往的能力提升				
1. 人际交往的原则		√		
2. 人际交往的技巧			√	
六、两性交往与爱的艺术				理论讲授 多媒体 团体活动 心理测验
（一）恋爱与性的概述				
1. 爱情的概述	√			
2. 性心理健康的概述	√			
（二）大学生常见的恋爱困扰				
1. 大学生恋爱中的不良心理	√			
2. 大学生恋爱中存在的问题		√		
（三）培养爱的能力				
1. 学会爱自己			√	
2. 学会爱他人			√	
七、大学生网络心理与问题应对				理论讲授 多媒体 团体活动 心理测验
（一）大学生网络心理概述				
1. 大学生网络心理行为特点	√			
2. 大学生网络心理健康标准		√		
（二）大学生常见的网络心理及问题				
1. 大学生的网络心理	√			
2.大学生常见的网络心理问题		√		
（三）大学生网络心理问题应对				
1. 强化思想政治教育		√		
2. 提高网络认识		√		
3. 培养良好网络习惯			√	
4. 加强网络文化建设		√		
八、挫折应对与压力管理				理论讲授 多媒体 团体活动 心理测验
（一）挫折与压力概述				
1. 挫折的定义	√			
2. 挫折产生的原因		√		
3. 压力的定义	√			
4. 压力产生的原因		√		
5. 挫折与压力的区别与联系	√			
（二）大学生常见的挫折类型与压力表现				
1. 大学生常见的挫折类型		√		
2. 大学生常见的压力表现		√		
（三）大学生挫折与压力应对				
1. 心理防御机制的定义	√			
2. 大学生常见的心理防御机制	√			
3. 大学生挫折应对与压力管理			√	
九、关爱家人与享受亲情				理论讲授 多媒体 团体活动 心理测验
（一）生命之源				
1. 家庭与亲情		√		
2. 家庭的功能	√			
3. 亲情的价值	√			
（二）大学生家庭关系常见类型及问题				
1. 大学生家庭关系类型		√		
2. 大学生家庭关系中存在的问题		√		
（三）大学生积极家庭关系的构建				
1. 健康家庭的特征	√			
2. 构建积极家庭关系的方法			√	
十、危机应对与珍爱生命				理论讲授 多媒体 团体活动 心理测验
（一）心理危机概述				
1. 心理危机定义	√			
2. 心理危机反应		√		
3. 心理危机判断标准		√		

续表

教学内容	教学要求			教学活动参考
	了解	熟悉	掌握	
4. 心理危机后果	√			理论讲授 多媒体 团体活动 心理测验
（二）大学生常见的心理危机与应对				
1. 大学生产生心理危机的原因		√		
2. 心理危机的筛查与识别		√		
3. 心理危机应对			√	
4. 关于自杀	√			
（三）珍爱生命				
1. 生命的结构	√			
2. 大学生常见生命困惑	√			
3. 培养珍爱生命的品质			√	
十一、自我完善与成长发展				
（一）培养健全的人格品质				理论讲授 多媒体 团体活动 心理测验
1. 健全人格	√			
2. 塑造健全人格		√		
（二）建立有效的社会支持系统				
1. 相逢是一首歌——友情		√		
2. 执子之手，与子偕老——爱情		√		
3. 谁言寸草心，报得三春晖——亲情		√		
（三）成长与幸福				
1. 幸福的定义		√		
2. 幸福的要素		√		
3. 感受幸福			√	

四、学时分配建议（36 学时）

教学内容	学时数		
	理论	实践	小计
一、导论：走进心灵	1	1	2
二、自我认知与职业发展	4	2	6
三、有效学习与时间管理	3	1	4
四、大学生情绪认知与情绪管理	3	1	4
五、积极心态与人际交往	3	1	4
六、两性交往与爱的艺术	2	2	4
七、大学生网络心理与问题应对	1	1	2
八、挫折应对与压力管理	3	1	4
九、关爱家人与享受亲情	1	1	2
十、危机应对与珍爱生命	1	1	2
十一、自我完善与成长发展	2	0	2
合计	24	12	36

五、教学基本要求的说明

（一）教学要求说明

1. 本课程对理论教学部分要求有掌握、理解、了解三个层次。掌握是指对所学的基本知识、基本理论具有深刻的认识，并能灵活地应用所学知识分析、解释生活现象和临床问题。理解是指能够解释、领会概念的基本含义并会应用所学技能。了解是指能够简单理解、记忆所学知识。

2. 本课程突出以培养能力为本位的教学理念，在实践技能方面分为熟练掌握和学会两个层次。熟练掌握是指能够独立娴熟地进行正确的实践技能操作。学会是指能够在教师指导下进行实践技能操作。

（二）教学实施建议

1. 在教学过程中要积极采用现代化教学手段，加强直观教学，充分发挥教师的主导作用和学生的主体作用。注重理论联系实际，并组织学生开展必要的分析讨论，以培养学生分析问题和解决问题的能力，以加深学生对教学内容的理解和掌握。

2. 实践教学要充分利用教学资源，采用小组讨论、任务驱动、分析讨论等混合式教学形式，充分调动学生学习的积极性和主观能动性，注重学生的团队协作、人际沟通等综合能力的提升。

3. 教学评价应强调过程性考核的方式，可通过课前分享、课堂提问、小组讨论、课后实践和作业、期末考试等多种形式对学生的学习进行形成性评价，综合考核学生的学习能力、实践能力和应用新知识能力，以期达到教学目标。